언제까지 흘러가는 대로 살 것인가

언제까지
흘러가는 대로 살 것인가

마흔부터 인생의 밀도를 높이는 6가지 방법

정선용 지음

테라코타

삶의 지도를 잃어버린
'콩나물세대'를 위하여

어릴 때 할머니는 집에서 콩나물을 직접 키웠습니다. 콩나물을 키우는 법은 매우 간단합니다. 무명천을 시루 바닥에 깔고, 빛이 들어오지 못하게 천으로 콩을 덮고는 대접으로 물만 주기적으로 부어 주면 그 속에서 콩나물이 자랍니다. 물만 먹고도 어찌나 빨리 자라는지, 콩나물시루 안에 늘 콩나물이 가득 담겨 있었습니다. 콩나물에는 어릴 적 궁핍한 삶을 함께했던 사람들의 온기가 담겨 있습니다. 가난과 부끄럼은 콩나물시루 속에서 콩나물처럼 자랐습니다.

우리도 콩나물처럼, 여기저기에서 쑥쑥 자라나 어디를 가나 꽉 꽉 들어찼습니다. 집집마다 적어도 네 명 정도 되는 형제들이 있다 보니 오전반 오후반으로 나누어도 한 교실에 학생이 60명 정도였습니다. 초등학교부터 고등학교까지 한 반에 60명 인원이 다 닥다닥 붙어서 공부했습니다. 콩나물시루 같은 교실이었습니다. 저는 그렇게 콩나물시루 같은 환경에서 자랐고, 이 시기에 자란 사람들을 '콩나물세대'라고 부릅니다.

우리 세대는 "뭉치면 살고 흩어지면 죽는다"라는 말을 핵심 가치로 여기고 살았습니다. 콩나물시루 같은 밀집된 공간에서 40여 년을 살았던 겁니다. 아옹다옹 티격태격하면서 콩나물처럼 부딪치며 살아왔습니다. 이런 환경에 뼛속 깊이 길들여졌습니다.

그런데 어느 날 갑자기 뿔뿔이 흩어져서 각자 알아서 살아가라는 명령을 받습니다. 바로 퇴직을 하게 된 겁니다. 퇴직하자마자 혼자서 살아가라고 하니, 어디로 가야 할지 길을 잃어버렸습니다. 각자도생해야 하는데 그 방법을 누구도 알지 못합니다. 우리 콩나물세대는 퇴직 이후에 이렇게 뿔뿔이 흩어져서 살아가고 있습니다.

저도 2021년에 퇴직하면서 혼자가 되었습니다. 낱개로 흩어져 혼자서 자립할 방법을 찾고 있습니다. 만원 버스 같은 콩나물시루에서 떨어져 나와 혼자된 이후에 아침의 습관이 생겼습니다. 저는 새벽마다 하루를 깨우는 산책을 합니다. 산책로는 우리 아파트 뒷문을 빠져나와 동네 아파트 샛길을 가로질러 뒷산 끝까지 이어진 길입니다. 오고 가는 데 왕복 두 시간 정도 걸립니다. 산책

하는 동안에 저는 세상과 분리되고, 오직 저 자신과 단둘이 깊은
대화를 나눕니다.

2024년 12월 3일, 그날 평소보다 이른 새벽 5시에 산책을 시작
했습니다. 여명까지는 아직 이른 시간이었습니다. 아파트 샛길에
선 가로등이 산책로를 밝혀 주고 있었습니다. 20여 분만에 아파
트 샛길을 벗어나 뒷산에 이르렀습니다. 아직 뒷산은 깜깜한 어
둠에 둘러싸여 있었습니다. 바로 내딛고 올라서기에는 어둠이 짙
었습니다. 이왕에 여기까지 왔으니 그냥 올라가 보고 싶었습니
다. 그렇게 산길로 올라가니, 숲속으로 들어갈수록 어둠은 더욱
짙었습니다. 두 발자국 앞조차 보이지 않을 정도로 시야가 희미
했습니다.

어쩔 수 없이 발끝 감각에 의존해서 나아갔습니다. 3년 동안 걸
어왔던 길이라, 몸은 다행히 기억하고 있었습니다. 겨우 오르막
에 다 오르고, 내리막길에 이르렀습니다. 서리가 내려 길바닥은
미끄러웠습니다. 조심스럽게 몇 걸음을 더 내디뎠습니다. 그러다
가 그만 왼발을 헛디디고는 발라당 뒤로 미끄러져 넘어졌습니다.
바로 일어서지 못하고 그렇게 넘어진 채 누워 있었습니다. 땅바
닥을 짚고 있는 손바닥이 점차 시려 왔습니다. 넘어지며 모서리
에 부딪힌 엉덩이도 아팠습니다. 화가 치밀어 오른 것은 그때였
습니다. 왜 이렇게 바보처럼 허우적거리고 있는 건지 화가 나면
서 이런저런 잡다한 생각이 휘몰아쳤습니다.

뒷산 내리막길에 미끄러져 자빠진 모습이 나이 오십에 어디로 갈지 몰라 허우적대는 모습과 닮아 보였습니다. 지금 어디에 있고, 앞으로 어디로 갈 수 있는가? 삶의 갈피를 잡을 수 없었습니다. 오십 정도 되면, 지난 마흔을 치열하게 살아왔던 경험과 다가올 예순을 헤쳐 나가는 지혜를 가지고 성숙하게 살아갈 수 있을 거라 자신했습니다. 젊은 날처럼 발을 헛디디고 삐걱거리지 않을 줄 알았습니다. 오십이 되면 나아지겠지 했지만 착각이었습니다. 스물, 서른, 마흔보다 조금도 나아진 것이 없고, 오히려 퇴직과 은퇴 사이의 갈림길에서 더 헤매고 있습니다. 쇼펜하우어는 중년 이후에 인생을 풍요롭게 만들고 싶다면 무게 중심을 밖에서 안으로 옮겨야 한다고 했습니다. 자신의 내면을 성찰하고 자기를 더 깊이 알아 가는 시간이 필요하다는 겁니다. 그런데 우리 세대는 혼자서 살아가는 지혜를 배우지 못했습니다. 너무 오랫동안 뭉쳐 살았기에 혼자 살아가는 법을 알지 못해서 지금 저는 솔직히 힘듭니다.

오십은 갈림길입니다. 바보처럼 헤매고 있을 때가 아닙니다. 선택이 삶을 가르는 중요한 시기입니다. 왜냐하면 이때 내딛는 한 발자국이 노년의 남아 있는 시간의 방향을 결정하는 좌표가 되기 때문입니다. 우리는 어느 쪽으로 첫걸음을 내디뎌야 할까요? 잘 모르겠습니다. 갑자기 삶의 지도가 사라지고, 산 중턱 내리막길에 누워서 어둠에 싸인 하늘을 바라보고 있는 것 같습니다. 삶의 길을 잃어버린 것입니다. 잘 살아왔다는 믿음도, 잘 살아갈 수 있다는 의지도 다 꺾였습니다. 타인이 정해 놓은 기준에 맞춰 살다 보니 어느 순간 내가 걸어가고 있는 이 길이 맞는지, 그리고 어느 쪽을 향해 가야 할지 모르겠습니다.

저는 혼자라도 가야 할 목적지를 찾고 싶었습니다. 지금 이 책을 쓰는 이유입니다. 저는 길을 잃어버리면, 글쓰기를 통해서 미래로 향하는 '길'을 찾습니다. 글을 쓰면, 가야 할 길이 보입니다. 목적지까지 명확하게 펼쳐진 길을 볼 수는 없지만, 가야 할 방향은 찾을 수 있습니다. 저에게 글쓰기는 삶의 방향을 알려 주는 나침반입니다. 이 나침반으로 내면을 들여다보며 제가 원하는 삶을 설계하고 가치관을 정립할 수 있습니다.

이 책을 쓰면서 나 혼자의 힘으로도 찾아갈 수 있는 나만의 삶의 지도를 그리고 있습니다. 혹시 이 책을 읽는 분들도, 제가 그린 지도를 보며 삶의 지도를 그릴 수 있는 이정표를 찾길 바랍니다. 당신이 40대든 50대든, 또는 60대라도 상관없습니다. 우리는 같은 시대를 살아온 콩나물세대입니다. 서로 길을 밝혀 주면서 살아가고 싶습니다. 다만 걱정입니다. 콩나물세대의 앞에 놓인 삶의 길이 만만치 않기 때문입니다. 마흔에서 예순다섯 사이에 있는 우리 콩나물세대가 때로는 따로, 때로는 같이 각자만의 새로운 삶의 문법을 찾아가길 바랍니다.

마흔과 예순 사이, 콩나물세대

"함께 있을 때, 우린 아무것도 두려울 것이 없었다."

영화 〈친구〉의 포스터에 적힌 문구로 콩나물세대를 잘 표현해 줍니다. 혼자보다는 같이 살아온 콩나물세대입니다. 저는 68년생으로 콩나물세대의 딱 중간 나이입니다. 1954년부터 1984년, 그때는 한 해에 신생아가 백만 명 정도로, 지금과는 비교도 할 수 없이 많은 아이가 태어났습니다. 지금 그들이 40대에서 60대가 되었습니다. 아직도 그들은 콩나물처럼 세대수가 많습니다. 2024년 통계청 세대별 인구수 자료에 따르면 1960년대에 태어난 인구수는 847만 명이고, 1970년대 태어난 인구수는 827만 명입니다. 콩나물세대는 1,674만 명입니다. 전체 인구 5,122만 명 중에서 콩나물세대가 32.8퍼센트로 3분의 1에 해당하는 인원입니다. 향후에는 콩나물세대가 고령화를 이끌고 갈 겁니다.

고령화 관점에서 콩나물세대를 되짚어 볼 필요가 있습니다. 콩나물세대는 중년 전기와 중년 후기로 나눌 필요가 있습니다. 그 이유는 중년 전기와 후기가 확연하게 다른 역할을 하고 있기 때문입니다. 중년 전기는 마흔에서 쉰 살까지 대부분 현직에서 치열하게 일하는 시기입니다. 반면에 중년 후기는 쉰 살부터 예순 다섯까지 나이로 이 시기에 퇴직자로 살아갑니다. 중년 후기는 크레바스 시기로 퇴직과 은퇴 사이의 기간입니다. 실업자인 듯 아닌 듯, 노인인 듯 아닌 듯 살아가야 합니다. 노인과 중년 사이에 제대로 끼어 있는 세대입니다.

우리의 평균 수명이 아흔 살 가까이 길어지면서, 마흔이 중년과 노년의 시작입니다. 마흔 이후에도 우리는 반백 년을 더 살아야 합니다. 우리가 평균 수명이 길어진 만큼, 수명과 사회구조의 변화에 맞추어 40대와 50대는 변화된 삶을 살아갈 준비를 해야 합니다. 어떻게 준비해야 할까요? 그 해답은 없습니다. 우리 스스로 찾아야 합니다.

중년의 시기를 살아가면서 준비해야 할 것들

우리가 마흔 이후 예순다섯, 25년 동안 중년 시기를 살아가면서 준비해야 할 것이 있습니다. 1970년대생인 4050세대는 경제적 자립과 사회적 인정을 추구해야 합니다. 대부분 그들은 직장에서 관리자로서 역할을 하고 있습니다. 당연히 청년 시절에 받았던 월급보다 많은 돈을 받게 됩니다. 이 많은 월급으로 현재 삶을 윤택하게 하는 데 소비할 것이 아니라, 미래의 삶을 준비해야 합니다. 물이 들어올 때 노를 젓는 겁니다. 높은 연봉으로 돈을 모으는 소득이 있을 때 투자를 통해서 자산을 증진해야 합니다.

4050세대인 그들에게는 많은 일을 할 수 있는 기회가 주어집니다. 일이 많아서 힘들다고 하소연하기보다는 그 일이 나의 경력을 쌓는 토대가 되도록 해야 합니다. 그리고 직장생활 동안에 직업을 일로만 접근해서는 안 됩니다. 그 세대는 놀이를 취미로, 취미가 직업으로 전환하는 창의적 발상이 필요합니다. 그동안 놀이나, 취미로 해 왔던 것을 일로 전환할 방법을 생활 속에서 찾아야 합니다. 왜냐하면 퇴직 이후에는 재취업이 만만치 않습니다. 재취업이나 창업을 위한 준비를 하다 보면 놀이와 일을 하나로 조화를 이루는 방법에서 실마리를 찾을 수 있습니다. 4050세대는 경제적 자립을 위한 재테크와 자기계발을 위한 글쓰기에 전념해야 합니다. 그동안 일에만 매진했던 삶의 방식을 바꿔서 놀이와 취미를 일상에서 끄집어내야 합니다. 최소한 오십 이전에는 경제적 자립을 위한 돈 공부, 사회적 자립, 글쓰기 공부, 생활의 자립을 위한 놀이와 취미 공부를 반드시 해야 합니다.

1960년대생인 5060세대는 퇴직 이후에 넘쳐나는 시간을 자기만의 관리 방식으로 채워 가야 합니다. 시간 관리 수단으로 습관은 가장 좋은 방법이라고 생각합니다. 하루의 삶을 이끌 수 있는 좋은 생활의 루틴과 습관을 지녀야 합니다.

은퇴의 시간은 예순다섯입니다. 노년의 삶을 준비할 수 있는 마지막 기회가 그때까지입니다. 행복한 노년을 위해서 꼭 필요한 두 가지가 있습니다. 하나는 신체의 건강입니다. 다른 하나는 행복한 인간관계 회복입니다. 신체 건강을 위해선 수면과 식단, 그리고 운동이 중요합니다. 60대는 신체 건강을 지킬 수 있는 마지막 기회로 양질의 수면과 자연 식단을 비롯해 유산소 운동을 통해서 건강함을 유지해야 합니다. 인간관계를 회복하는 가장 좋은 방법은 '혼자 지내는 법'을 배우는 겁니다. 고독을 친구로 두는 능력 있는 60대가 좋은 인간관계를 맺을 수 있습니다.

하기 싫은 일을 계속 미루는 사람은 인생을 서서히 불행하게 만든다고 합니다. 퇴직 이후의 삶을 준비해야 하는 적당한 때란 영원히 오지 않습니다. 지금이 바로 그때입니다. 이 책에선 마흔 이후의 삶의 길을 찾아가는 여정을 탐구하려고 합니다. 정답을 제시하지 못할 수도 있습니다. 하지만 반드시 인지해야 할 문제의식은 담겨 있을 겁니다.

차례

PART 1
흘러가는 대로 사느라 마흔의 시간을 낭비하지 않는 법

1장 마흔부터 준비해야 할 것은 무엇인가

2장 경제적 독립에 필요한 '돈 공부'

3장 진짜 투자는 자기계발이다

4장 생활의 건강을 위한 '일의 정립'

PART 2

오십에 다시 그리는 10년 인생 지도

1장 오십 이후 그려야 할 삶의 지도

2장 시간의 효율성을 키우는 '습관 공부'

마흔의 '나'에게 보내는 편지

2010년 마흔의 '나'에게 이 편지를 보낸다. 오늘은 2025년 2월 15일이다. 나는 57세다. 15년 전 마흔을 갓 넘은 '나'에게 이 얘기를 전해주고 싶다.

너는 2010년 2월 15일에, '대구점장'에서 '고객만족팀장'으로 발령이 난다. 회사의 핵심 요직인 자리로 이동 명령을 받고, 팀장 역할을 제대로 해 낼 수 있을까, 너는 깊은 고민을 할 것이다. 그러나 걱정하지 마라. 너는 그 자리에서 맡은 업무를 훌륭하게 해 낸다. 물론 고생은 많이 한다.

너는 '고객만족팀장'의 직무를 하는 동안에, 단 하루도 제대로 쉬지 못한다. 평일에는 각종 회의에 참석하고, 주말마다 전국에 있는 120여 개 매장을 점검하는 고된 업무의 연속일 것이다.

주말과 휴일을 가족들과 함께 지내지 못할 때가 많고, 회사에 얽매인 생활을 한다. 무려 4년을 그렇게 보낸다.

그러나 15년의 시간을 돌이켜 보니, 직장생활에서 가장 빛나던 순간은 그때였다. 쉼 없이 전진하는 그 치열함이 별빛처럼 빛났다. 비록 월급쟁이의 빛은 회사의 후광에 의한 굴절 없이는 반짝이지 못하는 별빛이었지만, 그래도 반짝반짝하는 마흔의 모습은 아름다웠다.

너는 마흔에 반짝이는 별빛이었다

지금은 왜 그때 그렇게 별처럼 반짝였는지 그 이유를 알고 있다. 별빛은 지구의 대기층에 의해 별빛이 굴절되고, 산란해서 사람들의 눈에는 더욱 반짝이는 것처럼 보이기 때문이다. 마찬가지로 월급쟁이는 회사의 후광으로 반짝반짝 빛났던 것이다.

어쨌든 마흔의 치열함은 반짝반짝 빛나는 별빛이었다. 그 별빛이 오십에도 육십에도 빛을 낼 거라고 생각했을 것이다. 하지만 그 별빛엔 끝이 있었다. 미안하다. 네가 고생하면서 버틴 건 아마 15년 후에 밤하늘의 찬란한 별로 살고 싶었기 때문일 텐데….

2020년에 퇴직을 한다. 회사라는 후광이 사라진 그날로 내 몸의 별빛은 사라졌다. 나는 그렇게 퇴직자가 되었다. 그날 이후로 깜깜한 어둠 속으로 떨어졌다. 퇴직자인 나는 반짝반짝 빛나지 않았다.

벌써 퇴직하고도 4년이 지났다. 퇴직 이후 빛을 찾아서 헤매고 다녔다. 다행히 나는 실직자라는 어둠에서 벗어나 작가가 될 수 있었다. 나만의 빛을 만드는 방법을 반딧불이에게서 배웠다.

반딧불이는 몸의 빛깔이 검은색이다. 배에는 마디가 있다. 그 배마디의 끝에서 두세 번째 마디는 연한 노란색이며 빛을 내는 기관이 있다. 반딧불이는 산소와 루시페린이라는 화학 물질, 그리고 루시페라아제라는 효소의 상호작용을 통해서 빛을 발광한다.

지금 나는, 반딧불이처럼 살아가고 있다

퇴직 후 반딧불이처럼 살아가려고 애쓰고 있다. 반딧불이의 수명은 2주일로 짧고, 빛을 발광하는 기간은 단 이틀뿐이다. 나는 반딧불이처럼 어제와 내일을 버리고, 오늘 하루에 다 쏟아 내고 있다. 지금 나는 매일 새벽 5시에 일어나서 산책과 영어 공부, 필사, 독서와 글쓰기를 차례대로 한다. 이렇게 소소한 하루를 반복하는 시간이 내 삶의 빛을 발하는 순간이라고 믿고 있다.

알고 있다. 소소한 일상의 반복이 빚어내는 빛은 찬란하지 않다는 것을. 별빛처럼 많은 사람이 볼 수도 없는 빛이라는 것을. 하지만 나락 같은 어둠에서 일어나고 싶은 '나 자신'과 힘겹게 견디며 살아가는 주변의 사람들에게 작은 위안이 되는 빛이다.

지금 나는 작가로서 살아가고 있다. 내가 꿈꾸었던, 반딧불이처럼 사는 모습이다. 작가는 외부의 빛이 없이 내 안의 발광체로 빛을 만드는 삶을 산다. 자체 발광하는 빛으로 살아가기 위해서, 마흔의 내가 가져야 할 삶의 자세를 말해 주고 싶다.

"제발 내 마음의 밖이 아니라 안을 들여다보기를 바란다. 그 속에 보이는 진짜 '나'를 똑바로 응시해라. 그리고 그렇게 살아가라."

그것이 바로 반딧불이의 삶이다. 반딧불이의 삶은 안으로 파고들어, 그 안으로부터 빛이 새어 나오는 생명 현상이다.

지금의 내가 누리는 반딧불이처럼 빛나는 삶은 15년 전에 치열하게 살아왔던 마흔의 '나'에게서 전해 온 삶의 흔적이다. 그때의 치열함이 지금의 빛이 되고 있다.

마흔의 '나'에게 진심으로 감사한다. 더불어 오십 이후 모두의 삶이 반딧불이처럼 빛나길 바라며, 마흔의 삶을 응원한다.

2025년 2월 15일

정선용

PART 1

흘러가는 대로 사느라
마흔의 시간을
낭비하지 않는 법

1장

마흔부터 준비해야 할 것은 무엇인가

마흔에는 반드시 세 가지 준비를 해야 합니다. 첫째, 경제적 자립을 위한 '돈 공부'입니다. 돈 공부의 방법은 '재테크'입니다. 둘째, 사회적 자립을 위한 '자기계발'입니다. 자기계발을 위한 공부 방법은 '글쓰기'입니다. 셋째, 생활의 자립을 위한 '놀이 공부'입니다. 놀이 공부를 위해선 '취미와 꿈'이 필요합니다.

01
만일 내가 마흔을 다시 산다면

　삶을 다듬는 시간, 사람들은 오십 이전에 꼭 필요하다고 말합니다. 저도 그 필요성은 인식하고 있는데, 다만 어떻게 다듬어야 할지 그 방법을 잘 모르겠습니다. 아이이든 청년이든 중년이든 노년이든 삶을 다듬는 방법에는 정답이 있을 수 없습니다. 그저 우리는 사회적 통념에 따라가는 정도에 만족하고 살아갑니다. 아이일 때는 학교에서 공부 열심히 하고, 청년 시절에 좋은 직장에 취직해선 그 사회 안에서 평균치의 삶을 살아가는 데 급급합니다. 사회 기준에 맞추어 살아가는 것에 바둥거리며 애쓰고 있을 뿐입니다.

　삶의 방식과 그 방식을 다듬는 과정에 대해서 맞다 틀리다 따질 수가 없습니다. 삶의 시간과 공간이 각기 다르기에 이렇고 저렇고 제3자가 따질 문제가 아니기에 더욱 그렇습니다.

저는 벌써 퇴직하고 4년이 지났습니다. 퇴직자로서 하루하루를 살아 내고 있습니다. 살아가고 있는 것이 아니라 살아 내고 있다는 게 맞는 표현입니다. 저에게 주어진 퇴직자의 환경에 애써 맞추고 있습니다. 어느 날 보면, 여러 곳에 구멍이 뻥뻥 뚫리는 생활의 허점이 보입니다. 그럼 그걸 메꾸고 다듬고 보완합니다. 퇴직 이전보다 나은 삶을 살아가기 위한 최선의 방책을 다 쓰고 있습니다. 제가 저를 보아도 안쓰럽게, 정말 애쓰고 있습니다. 퇴직 이후 하루하루가 그런 시간으로 가득합니다.

유튜브 채널 인터뷰에서 퇴직 이후 삶에 관한 질문에, 저는 자신감 넘치는 답변을 합니다.

"이젠 직원으로 돌아가라고 해도 안 갑니다."

물론 유튜브 채널의 성격에 부합되도록, 좀 더 강한 표현을 요구하는 측면도 있습니다, 하지만 제 솔직한 심정도 다르지 않습니다. 정말로 직장생활을 다시 하고 싶지 않습니다. 지금도 힘들지만, 그때가 더 힘들었다는 마음입니다.

만약 그 시절을 다시 살아간다면, 하고 싶은 것은 몇 가지 있습니다. 마흔, 그 시절로 시간을 회귀할 수 있다면, 그때 삶의 시간에 다른 자원을 넣어서 조금은 고쳐 보고 싶습니다. 그건 사지선다의 문제처럼, 1번이 정답인데, 제가 2번을 써낸 것을 다시 정답인 1번으로 고쳐야 한다는 생각이 아닙니다. 답지를 바꾸는 정도로 인생을 수정하는 것이 아닙니다. 2번의 답지 위에 땀과 눈물 몇 방울을 더 담아서 후회를 남기지 않으면 좋았겠다는 것입니다. 조금이라도 다듬고, 완성도를 높이면 후회가 덜할 것 같습니다.

만약 그때 삶을 다듬기 위해 애썼더라면 그 시간은, 분명 퇴직 이후에 살아가는 현재의 제 삶을 빛나게 해 줄 것이라 확신이 들기 때문입니다. 과거에 마주했던 사소하며 별거 아니라고 여겼던 그 시간이 나뭇잎 사이로 비추는 햇살처럼 오늘을 빛나게 할 것이고, 오늘의 애씀이 내일을 더 빛나게 할 거라는 믿음이 있습니다. 그때는 놓친, 지금은 사소하지만 소소한 일들을 내 것으로 만들어 내고 싶어졌습니다. 오십이 넘어서 겨우 철이 들었습니다.

저는 요즘 매일 아침 산책하러 나가며, 필사하고, 낭독도 하면서 글쓰기를 합니다. 이 별거 없는 일상이 얼마나 행복한 일인지 알고 나니, '마흔의 내가 지금처럼 했다면, 지금의 내 삶은 더욱 환하게 빛나고 있지 않을까'라는 생각이 드는 겁니다.

직장 후배나 월급쟁이로 지내고 있는 동년배를 보면, 선택지를 바꾸라는 말보다 선택지에 당신을 더 갈아 넣으라고 잔소리하고 싶습니다.

마흔, 꼭 퇴직 준비가 필요한가요? 필요합니다. 당신의 선택지에 당신의 땀과 눈물을 더 뿌리세요. 오십이 넘으면, 그곳에서 당신 인생에 가장 찬란한 꽃이 필 수 있습니다.

퇴직은 가슴이 아니라 머리로 결정해야 하는 일

글쓰기를 하려고 막 앉았을 때였습니다. 스마트폰에 '후배' 이름이 떴습니다. 제가 후배의 전화를 받자마자, 다짜고짜 "형님, 이 회사 이제 그만 다니고 싶어요"라는 말부터 들려왔습니다.

유통 회사의 상품 팀장인 후배는 작년에 임원 진급 대상이었는데, 애석하게 승진을 하지 못했습니다. 그때도 그만둔다고 한바탕했는데, 겨우 말렸습니다. 말린 이유는 딱 하나입니다. 다른 선택지가 있으면 퇴직하고, 없으면 그냥 다니라고 했습니다. 퇴직은 가슴이 아니라 머리로 결정해야 한다고 했습니다. 그게 현명한 결정입니다. 아무런 대책 없이 홧김에 퇴직하는 것은 바보짓입니다.

퇴직은 아무런 준비 없이 감정으로 결정할 일이 아닙니다. 직장안이 경쟁이 치열한 전쟁터라면, 직장 밖은 규칙도 없고 돌발 변수가 널려 있는 아수라장입니다. 선택지를 가지고 나와도 경쟁에서 이기고 생존하는 것이 쉽지 않습니다. 후배는 이제 중학교에 입학한 아들이 있습니다. 그 친구를 똑 닮은 아들 사진을 꺼내서 한참을 들여다보더니, 그냥 다니겠다고 했습니다. 작년은 다행히 그렇게 퇴사를 보류하는 것으로 넘어갔습니다. 올해 임원 진급 여부가 결정되는 것까지 보겠다고 했습니다. 그랬던 후배는 지금 회사가 돌아가는 상황도 엉망이고, 승진에도 밀려날 것 같다며 임원 승진 발표 전에 자발적으로 그만두겠다는 겁니다. 저는 딱 한마디만 했습니다.

"뭐든지 끝장을 봐야 새로 시작할 수 있다. 일단 12월까지 어떻게 되든 끝장을 봐라. 그때 그만두어도 늦지 않는다."

저는 전화를 끊고서 여러 가지 생각들이 엉켜서 마음이 답답했습니다. 과연 퇴직이나 승진이라는 결과물에 지나치게 집착하는 것이 옳은 것인가? 퇴직과 승진이라는 선택지를 두고서 고민하는 동안에, 정작 후배가 삶에서 고수하고 있어야 할 궁극적인 관심은 어디로 갔을까? 마흔이 되면 결과보다 과정이 더 중요할 수 있는데…. 지금 당장 주어진 삶에서 상위 목표를 완수해야 한다는 결괏값에 지나치게 빠져서, 그가 가고자 했던 목표 지점과 과정을 놓쳐버리는 건 아닌지 걱정이 되었습니다.

우리가 마흔에 흔히 하는 실수는 이런 겁니다. 자꾸 결과에 초점이 맞추어져 과정에서 얻는 성장을 놓칩니다. 마흔인 후배가 지금 놓치지 않고 되새겨야 할 것이 무엇인지, 오십이 넘은 나는 무엇을 붙들고 살아가야 하는 것인지, 후배 전화를 끊고 은행나무가 떨어지는 거리를 바라보면서 생각했습니다.

한참 이런 고민을 붙들고 있다가, 그날 저녁에 선배가 운영하는 치킨집으로 나오라고 했습니다. 후배의 하소연도 들어주고 조언도 더 해 주고 싶었습니다. 그런데 마주 앉아 술을 마시다 보니 나도 모르게 잔소리가 터져 나옵니다. "회사가 전쟁터라면 사회는 지옥이다. 전쟁터에서 살아남지 못한 사람이 지옥에서 살아남을 수 있을까? 전쟁터에서 살아남는 법을 익히는 것이 먼저다. 너의 전쟁터에 너의 땀과 눈물을 더 쏟아 부어라. 회사가 힘들다고 도망쳐선 안 된다. 그 전쟁터에서 당당하게 부딪치며 이겨 냈고 더 이상 바랄 것이 없는 마음이 든다면, 도전의 열망이 일어날 때 밖으로 나오는 거다." 이렇게 B프랜차이즈 가맹점 주인 선배를 앞에 두고 맥주 한 잔을 기울이면 말했습니다. 물론 후배의 대답도 고분고분하지 않습니다. "형은 정말로 그때 그렇게 살았어요?" 저는 그 말 앞에서 아무 말 없이 맥주잔을 만지작거립니다.

그때 옆에 있던 선배가 한마디를 거들어 줍니다. 선배는 퇴직 이후에 B프랜차이즈 치킨 가맹점을 운영합니다. 선배는 우리가 오면 형수에게 가게 일을 맡기고, 유일한 휴식으로 우리와 같이 술을 한잔합니다. 형수도 이때만큼 허락합니다. 우리들의 이야기를 다 듣고 있던 선배가 나직하게 말합니다. 선배는 아침 9시부터 새벽 1시까지, 매일 16시간을 일하면서 깨달은 사실이 있다고 합니다. 자기가 회사에서 일할 때 그렇게 했으면, 나는 대표이사가 되었을 거라고 했습니다. 벌써 2년째 이러고 있는데, 진작에 이렇게 열심히 살았으면, 무엇 하나라도 이루었을 텐데…. 그렇게 자조 섞인 미소를 짓고는 주방에서 닭을 튀기고 있는 형수 눈치를 보면서 말입니다.

어떤 철학자가 밤하늘에 별을 보다가 웅덩이에 빠졌다고 합니다. 웅덩이를 피해서 먼저 지나갔던 농부가 뒤돌아서 그 철학자를 바라보면서 웃었다고 합니다. 마흔에 필요한 것은 농부처럼, 눈앞에 주어진 현실을 살아가는 지혜입니다. 현명한 마흔은 회사에 있을 때 일과 월급의 가치를 알아야 합니다. 그것만으로도 퇴직의 웅덩이를 가볍게 넘어갈 수 있습니다. 후배가 늦기 전에 그 사실을 먼저 깨닫기를 바랍니다. 똑같은 월급을 받고 똑같은 일을 하지만, 그것을 어떻게 바라보았는지가 중요합니다. 매일 일상에서 만나는 모든 것이 저마다 가치를 품고 있습니다. 그 가치가 어떻게 작용하는지 스스로 깨우치는 순간에, 우리는 새로운 세상을 볼 수 있습니다.

02
월급쟁이가 퇴직 전에 준비할
다섯 가지 필수품

누군가 미래를 준비한다고 하면, 대부분 그들이 하는 준비 사항은 막연한 것들입니다. 그저 마음만 조급해서 허둥지둥하다가 준비 없이 미래를 마주합니다. 퇴직 준비도 마찬가지입니다. 무언가를 해야 한다는 압박감으로 직장생활을 하지만, 꼭 짚어서 무엇을 하는지 모릅니다. 해법이 있는가를 물으면 답을 못하고 머릿속이 온통 하얗게 됩니다. 그렇다면 퇴직 전에 구체적으로 준비해야 할 것들은 무엇일까요?

제가 했던 25년의 직장생활 경험을 토대로 정리했습니다. 핵심만 다섯 가지로 압축했습니다. 현재 월급쟁이로 살아가고 있다면 퇴직 전에 반드시 이 다섯 가지는 꼭 챙기길 당부합니다.

• 월급
월급쟁이 때부터 남다른 관점을 가져야 한다

이 세상에 단 한 번도 보지 못한 새로운 것은 없습니다. 여행에서 만나는 풍경이나, 직장에서 만나는 사람이나, 책 속에서 만나는 지식이나 우리가 그동안 보았던 것들과 완전히 다른 새로운 것은 없습니다. 그동안 보았던 것과 전혀 다른 시각으로 바라보고 느끼는 순간이 있을 뿐입니다. 매일 마주하는 세상을 자기만의 방식으로 바라보는 시선이 있는 것과 없는 것은 천지 차이입니다. 똑같은 세상을 살고 있지만, 각기 다른 모습으로 사람들의 눈에 비쳐집니다.

시점의 차이는 월급에도 그대로 적용이 됩니다. 월급의 개념이 새롭게 다가오는 경험을 해야만 돈을 나만의 관점으로 재해석할 수 있습니다. 그때부터 월급의 가치를 다르게 평가하는 눈을 가지는 겁니다. 월급에는 우리가 깨닫지 못한 막강한 힘이 있습니다.

보통 돈 중에서 가장 강한 힘을 가진 돈을 '목돈'이라고 합니다. 즉, 크게 뭉쳐 있는 돈이 가장 강한 힘을 가집니다. 1억 원이 가진 힘과 10억 원이 가진 힘과 100억 원이 가진 힘과 1,000억 원이 가진 힘은 산술적으로 열 배씩 증가합니다. 하지만 1,000억 원에서는 기하급수적으로 몇백만 배의 힘으로 커지는 속성을 가집니다. 그래서 돈은 뭉쳐 있을 때 힘을 가진다고 합니다. 이것이 돈의 힘이 가진 첫 번째 법칙입니다.

목돈 다음에 강력한 힘을 가지는 것이 '월급'입니다. 월급은 매월 나오는 고정 소득이라는 말입니다. 이 고정 소득은 실로 막강한 힘을 가지고 있습니다. 여기서 월급이 많고 적은 것은 문제가 되지 않습니다. 월급이 고정적으로 나오기 때문에 우리는 돈의 운영을 위한 지출 계획을 세울 수 있습니다. 계획적인 지출은 우리 일상에서 경제적 낭비를 최소화하는 역할을 합니다. 낭비가 최소화되어야 절약을 할 수도 있고 그래야만, 저축 계획도 세울 수 있습니다.

월급 덕분에 정기적금을 활용해서 저축의 힘을 극대화할 수 있는 겁니다. 만약에 어떤 월급쟁이가 매월 20일에 월급을 받는다면, 그는 최우선으로 월급의 60퍼센트를 정기적금 통장에 넣고, 나머지 40퍼센트로 살아가는 겁니다. 그렇게 정기적금이 쌓이면, 종잣돈을 마련할 수 있습니다. 그 종잣돈이 만들어지는 순간, 비로소 투자 계획을 실행에 옮길 수 있습니다. 종잣돈 없이 남의 돈과 푼돈으로 하는 투자는 수익을 기대하기 어렵습니다. 사실 대출이라는 레버리지를 이용해서 투자를 하면 잘 쓰면 약이지만, 잘못 쓰면 독이 됩니다. 그래서 저축을 통하여 종잣돈을 만들어서, 대출이 가진 독성을 제거한 후 투자해야만 경제적 자립을 위한 부의 크기를 키울 수 있습니다. 종잣돈이 있을 때만 투자는 약이 됩니다.

월급쟁이는 직장을 다니는 동안에 월급의 힘을 깨닫지 못합니다. 그저 한 달 동안에 우리 가족의 생계를 책임지는 역할이 있다는 정도로 평가절하합니다. 그러다가 퇴직해서 월급이 끊어지면 그때서야 이것이 얼마나 막강한 힘을 가지는지 깨닫게 됩니다.

지금 저는 작가와 강연자로 활동하고 있습니다. 작가가 받을 수 있는 저작권료는 2월과 8월로 반기마다 받습니다. 6개월은 소득의 리드 타임이 너무 길게 느껴집니다. 우리는 월 단위로 경제생활이 설계되어 있습니다. 월 단위 생활과 6개월 단위 저작권료 소득을 연결하는 작업이 쉽지 않습니다. 더구나 강연 소득은 더 들쑥날쑥합니다. 어떤 달은 강연이 열 건도 있습니다. 반면에 어떤 달은 두 건이 있기도 합니다. 강연료 지급 일자는 더 들쑥날쑥합니다. 그러니 매월 고정적으로 나오는 월급처럼, 계획을 수립하면서 살기가 쉽지 않습니다. 월급이라는 고정적으로 나오는 소득의 힘을 깨달아야 합니다.

마흔에 필요한 것은 재테크 준비입니다. 즉, 퇴직 이전에 고정적으로 들어오는 월급의 장점을 충분히 발휘해서 재테크를 해야 합니다. 그러기 위해선 깨달음을 주는 귀인을 만나야 합니다. 보통 귀인을 만나라고 하면, 새로운 사람을 만나는 것이라고 여깁니다. 하지만 귀인은 사람에게 한정된 것이 아닙니다. 깊은 울림이 있는 책이 되기도 하고, 가을날의 아름다운 풍경이나, 영혼을 울리는 음악이 되기도 하고, 심지어 월급이라는 돈이 되기도 합니다. 월급은 인생에서 만날 수 있는 돈의 귀인입니다. 누군가 월급을 귀인으로 만나는 사람이 있고, 누군가 똑같은 월급이지만 욕망이라는 악인으로 만나기도 합니다. 저는 다행히 월급을 귀인으로 만났고, 그 덕분에 50억 원이라는 자산가로 퇴직할 수 있었습니다. 우리가 돈을 귀인으로 만나는가, 아니면 악인으로 만나는가는 월급쟁이 시절의 자신에게 달려 있습니다. 돈을 귀인으로 만나야만 궁핍함에 몰리지 않습니다.

• 명함
사회적으로 나를 나타내는 증표

2020년 11월 3일 퇴직 후 처음 직장 동료들을 만났습니다. 장소는 문정동 오피스텔 단지였습니다. 저보다 먼저 퇴임했던 그분들은 오피스텔을 얻어서, 작은 사업체를 운영하고 있었습니다. 한 분은 재고 조사 용역을 대행하는 사업을 하시고, 한 분은 대형 마트에 '프라이팬'을 납품하는 일을 하셨습니다. 두 분 다 퇴직한 것이 어제 같은데, 벌써 5년이 넘었습니다. 이젠 사업도 자리를 잡고, 제법 회사 사장님의 모습이 엿보였습니다.

저를 만나는 순간, "졸업 축하하네"라는 인사말을 건네셨습니다. 처음엔 말뜻을 바로 이해하지 못하고 둘째 아들의 고등학교 졸업을 축하해 주는 걸로 잘못 알아들어서 "내년 2월입니다"라고 대답했습니다. 아직 조직의 때가 덜 빠졌다고 하셨습니다.

세 사람은 너무 이른 오후 4시에, 사무실 단지 근처 횟집으로 갔습니다. 그때부터 낮술을 마시기 시작했습니다. 한 선배는 퇴직도 했으니, 술을 다시 마시라며 권유했습니다. 저는 술을 마시기 겁이 났습니다. 술로 인해 회한과 자책의 마음이 솟아오르면 더욱 힘들 거 같아서, 단 한 모금도 입에 대지 않았습니다.

저를 위로하기 위해서 만든 자리라서 차마 "저 먼저 갑니다"라는 말은 할 수가 없었습니다. 그렇게 저는 맨정신으로 술에 취해서 혀가 이미 꼬부라진 분들의 충고 아닌 충고를 7시간 동안 들었습니다. 솔직히 말로 표현할 수 없을 정도로 힘들었습니다. 밤 11시가 조금 넘어갈 무렵에 모임이 끝난 후 같은 동네에 사시는 선배 한 분과 택시를 같이 탔습니다.

택시 뒷자리에 나란히 앉아 있는데, 선배가 얼굴을 돌려 저를 바라보며 말했습니다. "명함 이게 별거 아닌데, 없으면 내가 누군지 설명을 못 해." 선배의 입에선 소주 냄새와 함께 독한 현실의 고달픔이 새어 나왔습니다. 스무 살, 그 막막했던 시절에 마셨던 독한 소주의 절망처럼 퇴직 이후 삶의 고통이 밀려들었습니다. 선배와 헤어진 후 곧장 집으로 들어갔습니다.

마치 소주를 몇 병 마신 것처럼 피로가 밀려왔습니다. 양치질만 겨우 끝내고 침대에 누웠습니다. 머릿속에는 그분이 말했던 '명함'이 맴돌았습니다. 지금은 퇴직과 함께 사라져 버린 그 명함을 생각했습니다. 명함이 없는 나는 어떤 사람인가. 그런 생각으로 뒤척뒤척하다가 오래전에 보았던 〈친구〉라는 영화의 장면이 떠올랐습니다.

그 영화에선 선생님이 학생들을 체벌하는 장면이 나옵니다. 선생님은 "아버지 뭐 하시노?"라고 물으며 왼손으로 학생의 볼을 잡고, 오른손으로 따귀를 매몰차게 때립니다. 학생들의 볼때기를 잡고 따귀를 때려 가면서 아버지 직업을 물어보는데, 학생들의 아버지 직업은 선원, 장의사, 건달 등이었습니다. 아버지는 배 타고, 시체 닦고, 돈을 벌어 자식들 공부시키는데, 공부하지 않고 뭐하냐고 하면서 때렸습니다. 1980년대까지만 해도 학교에서 일어났던 체벌로 지금은 상상할 수 없는 일입니다.

'준석'의 아버지는 부산 지역의 깡패 두목이었습니다. 준석은 "아부지 뭐 하시노?"라는 물음에 볼이 잡힌 채 잠시 머뭇거리다가 대답합니다. "건달임니더"라는 말이 떨어지자마자, 선생님은 손목시계까지 풀어서 내려놓고는, 더욱 무자비하게 양손으로 따귀를 때립니다. 무자비한 손찌검에 준석이가 쓰러지자, 이젠 발길질을 했습니다. "느그 아부지 건달이라 조컷다. 그래, 아부지 건달이라 조컷다." 교실 바닥에 쓰러져 맞고 있던 준석은 선생의 발길질을 더 이상 참아내지 못하고, 일어나 대들고는 교실을 박차고 나가 버립니다. 영화 속 장면이 그렇게 끝이 납니다.

"나는 무엇을 하는 인간인가?" 나는 내가 무엇을 하는 사람인지

되물었습니다. 무엇을 하는 사람인가, 명확하게 말할 수 없는 퇴직의 현실이 답답했습니다. 퇴직 후에 사라진 명함은 사회적 존재를 증명하는 증표였습니다. 그 증표가 사라졌습니다. 퇴직 이후에 글쓰기를 통해서 지독한 인생 공부를 했습니다. 그 이유를 꼽으라면 명함으로 증명했던 나를, 명함 없이도 증명할 방법을 찾고자 하는 몸부림이었습니다. 특히 가족에게 내가 무엇을 하는 사람인지 보여 주고 싶은 마음이 너무도 간절했습니다. 대부분 퇴직자는 자신이 무엇을 하는 사람인지 가족에게 증명하지 못하는 현실에 절망하게 됩니다. 퇴직 이전에 명함이 아닌 이름 석 자로 자신을 증명하는 수단을 찾아야 합니다. 사랑하는 가족들이 내 이름 세 자만으로 나를 세상에 소개할 수 있도록 준비해야 합니다. 최소한 그렇게 해 보겠다는 의지를 먼저 다져야 합니다.

"저는 정선용 작가입니다"

저는 '작가 정선용'이 명함이 되었습니다. 작가 정선용으로 가족에게 나를 증명할 수 있어서 좋습니다. 명함이란 나를 세상에 증명하는 증표입니다. 명함을 종이 쪼가리가 아니라 나만의 인생의 길 위에 새길 수 있어서 다행입니다.

• 인맥
오십 이후 삶에 필요한 존재

    퇴직 이후 오십이 넘으면, 그 많았던 동료와 지인들은 다 연락이 없습니다. 퇴직 이후에 혼자서 방구석에 뒹굴뒹굴하고 지내는 사람들이 많습니다. 퇴직 이전에 가족과 친구들에게 잘하세요. 퇴직 이후에 잘하겠다는 생각은 버리세요. 퇴직 이후에는 가족과 친구들이 받아주지 않습니다. 가끔 만나서 이런저런 말을 섞으며 마음을 나누는 친구가 있으면 고독감을 줄일 수 있습니다.

    보통 젊은 날에는 넓고 얇은 인간관계를 맺어 갑니다. 그러나 나이가 들어갈수록 좁고 깊은 인간관계를 만들어야 하는데, 그 시기를 놓치는 경우가 많습니다. 퇴직 전에 인맥이 넘친다고 자랑 말고 친구 같은 동료, 가족 같은 이웃, 동료 같은 동생, 친구 같은 자녀 등 친근하고 밀접한 관계를 맺어 놓기를 당부합니다. 그런 사람이 옆에 있어야 든든합니다.

• 자격증과 취미
자격증이 사회적 증빙서라면, 취미는 개인적 증빙서다

    오십이 넘으면 젊은 날에 다니던 직장에서 자의든 타의든 퇴직하게 됩니다. 만약에 경제적 기반이 충분히 구축되지 못했다면 재취업을 해야 합니다. 다시 취업을 하려고 여기저기 이력서를 제출하면서 알게 됩니다. 자격증 없는 퇴직자를 받아 주는 회사는 없다는 사실입니다.

자격증이 있다면, 재취업의 일자리를 쉽게 찾을 수 있습니다. 자격증은 평생의 일자리를 제공하는 동아줄입니다. 나는 자격증 차원에서 대학원을 다녔고, 박사 과정을 수료한 후 논문을 준비 중 입니다. 공인중개사, 사회복지사, 미용사 등 다른 자격증도 많으니 직장에 다닐 때 자격증 하나 정도는 취득해야 합니다.

자격증의 역할을 해 주는 것이 또 하나 있습니다. 바로 취미입니다. 요즘 평일에 산을 가 보면, 등산객의 대부분이 5,60대 분들입니다. 오십이 넘은 퇴직한 중년들은 이 산, 저 산을 오르며 지내고 있습니다. 왜냐하면 자기만의 취미가 없기 때문입니다. 자기만의 취미가 있는 분들은 취미로 삶의 시간을 채워 갑니다. 퇴직 이후 시간은 넘치지만 할 수 있는 일은 없습니다. 하루의 시간을 꽉 채울 수 있는 자기만의 취미가 있어야 합니다.

자기만의 취미를 가진 사람은 다릅니다. 다들 넘쳐나는 시간을 주체하지 못하고 있을 때 평소에 꾸준하게 글쓰기를 했던 사람들은 글을 쓰고, 그 글을 모아서 책을 출판하며 더 활기차게 시간을 보내는 분들도 많습니다. 그들이 평소에 글쓰기를 취미로 갖고 있었기 때문에 가능했던 겁니다. 목공을 하거나 악기를 연주했던 취미로 삶의 시간을 풍성하게 만드는 분들도 있습니다. 그러나 취미를 만들겠다고, 어느 날 갑자기 책상 위에 앉아 글쓰기를 한다고 취미가 되는 것이 아닙니다. 퇴직 전에 충분한 시간과 정성을 쌓았던 사람들만 취미를 가질 수 있고 직업으로 이어지기도 합니다.

• 돈과 건강
경제적 기반과 신체적 기반은 퇴직의 바탕이다

퇴직하면 바로 소득이 사라집니다. 최소한 비상금이 없으면 오십이 넘어서서 눈앞이 깜깜할 때가 많습니다. 돈이 들어가는 곳이 갑자기 이곳저곳에 생겨날 수밖에 없습니다. 그 절체절명의 순간에 믿을 구석이 있어야 사람이 어깨를 펼 수 있습니다. 퇴직 전에 최후의 보루로 '통장' 하나는 있어야 합니다. 퇴직 이후 여건이 달라서 통장의 금액 수준은 다르겠지만, 최소한 통장 잔고에 퇴직한 연도의 연봉 수준의 비상금은 가지고 있어야 합니다.

통장과 더불어 운동 습관 하나는 있어야 합니다. 퇴직하는 나이가 대략 오십 전후입니다. 오십이 넘어가면, 대부분 중년 몸의 이곳저곳이 고장이 나기 시작합니다. 사람이나 자동차나 건물은 20년을 사용하면 여기저기 고장이 날 수밖에 없습니다. 물론 젊은 날에 꾸준하게 수면과 식단을 관리하고 운동했던 사람들은 건강하게 하루하루를 보낼 수 있습니다. 식단과 운동은 한 살이라도 젊은 날에 틀을 만들어야 합니다. 퇴직 전에 규칙적인 생활을 하며 운동 습관을 만들어 두는 것이 현명합니다. 식단 조절도 해야 합니다.

월급쟁이는 말로만 준비하고 있는 경우가 많습니다. 마흔에는 오십이라는 나이가 먼 훗날처럼 여겨지기 때문에 뒤로 미룹니다. 물론 오십에 퇴직하고 나서 깨닫는 분들도 있지만, 그때는 이미 늦었다고 자포자기하며 미룹니다. 필요성은 다 알고 있지만, 못 하는 것이 바로 퇴직 이후 삶을 준비하는 일입니다. 뻔히 보이는 퇴직 이후 고달픔 속으로 대책 없이 달려가고 있는 후배들의 모습이 안타깝습니다.

03
출근길의 주문, 퇴직을 기억하라

제19조(정년)

① 사업주는 근로자의 정년을 60세 이상으로 정하여야 한다.

② 사업주가 제1항에도 불구하고 근로자의 정년을 60세 미만으로 정한 경우에는 정년을 60세로 정한 것으로 본다.

고용노동부, 〈고용상 연령차별금지 및 고령자고용촉진에 관한 법률〉

앞에서 언급한 법률에 따르면 근로자의 정년은 60세로 정해져 있습니다. 하지만 법률로 정해진 정년마저도 누리지 못합니다. 통계 숫자는 때로는 정서적 에누리 없이 퇴직의 본질을 제시합니다. 대한민국에서 퇴직은 '49.3'이라는 숫자로 정해져 있습니다. 평균적으로 실업자가 되는 나이가 49.3세라는 말입니다.

오십 이전에 자산 또는 안정적인 소득 기반을 갖추고 있어야 합니다. 그것도 아니면 자기계발로 새로운 직업을 가지고 있어야 오십 이후에 평안한 삶을 누릴 수 있습니다. 자산과 직업은 삶이라는 몸통을 관통하는 등뼈 같은 겁니다. 그 등뼈가 없으면 몸은 설 수조차 없습니다. 자산과 직업이 있어야, 삶을 지탱할 수 있습니다. 사람들은 자산과 직업을 영원히 소유할 수 있을 거로 생각합니다. 자산은 영원히 소유할 수 있지만 직업은 유한합니다. 직업의 효력은 유통기한이 있습니다. 대개 우리나라는 오십 이전에 직업을 잃습니다.

오십 이후에도 취업자는 한 가지 이유로 일하고 있습니다. 돈을 벌기 위함입니다. 반면에 실직자는 각기 다른 사연을 가지고 일하지 않습니다. 그들은 자신이 돈이 없는 무수한 이유를 만들어 냅니다. 자발적이든 비자발적이든 실직자의 삶은 고달픕니다.

실직은 직장을 잃어버리는 것으로 단순한 개인적 행동을 의미합니다. 실업은 그 개인의 집합인 사회적 현상을 말합니다. 따라서 사회적 현상인 실업은 각각 다른 개인의 사연이 모인 통계적 개념입니다. 다만 우리에게 중요한 것은 무수한 숫자의 하나가 나의 전부라는 사실입니다. 실업이라는 말은 나에게 중요하지 않지만, 실직은 중요합니다. 실직하고 나니, 바로 실감할 수 있었습니다.

먼저 실업 이전에 고용이라는 측면도 살펴볼 필요가 있습니다. 취업은 직장에 나가는 것을 말합니다. 취업이 단순한 개인적 행동을 의미하는 반면에 고용은 그 개인의 집합인 사회적 현상을 말합니다. 따라서 사회적 현상인 고용은 각각 개인이 모인 통계적 개념입니다. 그래서 고용률이라는 통계 데이터를 추출하고, 그 고용률을 중점적으로 관리하는 경제정책을 실시합니다.

고용률은 15세에서 64세의 인구 중에서 직장을 다니고 있는 비율을 말합니다. 즉, 15세에서 64세의 인구를 고용의 유무에 따라서 구별할 수 있습니다. 2023년 1월 통계청 KOSIS 자료에 의하면, 15세에서 64세의 고용률은 전체 60.3퍼센트, 남자는 69.6퍼센트, 여자는 51.3퍼센트입니다. 15세 이상 인구 중 취업한 사람이 10명 중 6명입니다. 그리고 나머지 10명 중 4명은 실업자입니다. 이 실업자들은 각각 사연이 있을 겁니다.

실직은 자발적 취업의 의사가 있는지 없는지로 구별합니다. 즉, 비자발적 실업자와 자발적 실업자로 나누어집니다. 15세에서 64세까지 인구 중 취업 의사가 없는 자발적 실업자의 인구를 별도 산출합니다.

취업 의사에 의해서 실업은 자발적 실업과 비자발적 실업으로 나누어집니다. 실업을 나누는 기준은 퇴사의 강제성입니다. 흔히 비자발적 퇴직과 자발적 퇴직으로 나눕니다.

취업과 퇴직의 의사 기준에 따라서 실업은 네 가지로 나눌 수 있습니다. 취업준비자, 자발적 퇴직자, 비자발적 퇴직자, 은퇴자입니다. 취업준비자는 15세에서 26세까지로 취업을 준비하는 학생이 주류를 이루고 있습니다. 취업 공부가 필요한 시기입니다. 자발적 퇴직자는 주로 27세부터 45세에 나타나고, 그들은 창업을 위해서 자발적으로 퇴사하는 경향이 큰 편입니다. 비자발적 퇴직자는 직장의 폐업과 개인의 일신상의 문제로 인해서, 일을 하고 싶지만 비자발적으로 퇴직한 사람들입니다. 마지막으로 은퇴자입니다. 자발적으로 퇴사했고, 다시 취업 의사가 없는 사람들입니다. 이렇게 실업은 네 가지로 구분될 수 있습니다. 15세에서 64세까지 인생의 단계로 보면, 처음에 취업 준비자에서 자발적 퇴직자나 비자발적 퇴직자로 지내다가, 결국에는 은퇴자의 과정을 지나는 것이 고용과 실업의 전형적인 모습입니다.

고용과 실업 관점에서 저를 들여다보면 이렇습니다. 제가 15세였던 1983년에서 1994년까지는 취업 준비자로 살았습니다. 1995년부터 2020년까지는 취업자로 살았고, 2020년 말에 비자발적 퇴직자가 되었습니다. 그 이후 2021년부터는 글을 쓰면서, 취업 의사가 없기 때문에 자발적 퇴직자로 지금까지 살고 있습니다. 아마도 65세가 되는 2033년에는 은퇴자로 살아갈 겁니다.

50세부터 64세까지 비자발적 퇴직자들의 삶은 팍팍합니다. 주변에서 지켜본 동료나 선배들은 눈 밑에 어둠이 짙게 밴 모습입니다.

가장 근원적인 이유는 재취업 시장이 꽉 닫혀 있기 때문입니다. 재취업 시장은 패션 시장과 비슷한 특성이 있습니다. 대부분

브랜드에서 FW(가을·겨울)의 상품을 기획하면서, 댄디 스타일의 바지를 만든다면, 각각 사이즈의 구성은 대부분 M과 L이 80퍼센트 이상을 차지합니다. 이런 패션 시장의 사이즈처럼, 재취업 시장에서 일자리 사이즈는 M과 L이 일반적인 일자리의 주류를 이룹니다. 그런데 재취업 시장에 뛰어드는 50대 비자발적 퇴직자는 대부분 직장생활을 20~30년 가까이 하면서 경력이 쌓인 사람들입니다. 당연히 XL사이즈 이상의 일자리를 찾을 수밖에 없습니다. 이렇게 XL사이즈의 일자리를 찾는 50세 이상 비자발적 퇴직자는 많습니다. 반면에 그들을 받아 줄 수 있는 적합한 일자리는 매우 부족합니다. 당연히 50세 이상 퇴직자들의 재취업 문은 좁을 수밖에 없습니다. 여기에 몸매는 똥배가 나오고, 허벅지는 가늘어지면서 댄디 스타일의 바지를 소화할 수 없습니다. 재취업 시장에서 중년은 사이즈도 안 맞고, 스타일도 안 맞은 상황에서 허우적거리고 있습니다.

재취업 시장은 패션 시장처럼, 발 빠르게 사이즈와 스타일을 바꿀 수 있는 곳이 아닙니다. 패션 시장은 시니어를 위한 브랜드를 만들어서 수요를 채워 가는데, 재취업 시장은 시니어를 위한 맞춤형 일자리를 쉽게 만들 수 없습니다. 앞으로 AI 등 자동화 시스템이 모든 일자리에 확대될 것이니, 시니어를 위한 맞춤형 일자리가 줄어들 겁니다. 즉, 시니어 일자리가 늘어날 일이 없습니다. 바로 이런 구조적인 문제들이 겹치면서 재취업 시장은 더욱 극심한 경쟁에 놓이게 됩니다.

　이래저래 50세 이상 비자발적 퇴직자에게 살아가기 정말 피곤한 세상입니다. 식당에서 자동 주문하는 키오스크에 적응하기도 버거운데, 일자리에서 자동화 시스템을 다루어야 하는 세상이니 더욱 피곤할 수밖에 없습니다. 우리나라 퇴직자의 평균 나이는 49.3세입니다. 그런데 월급쟁이는 천년만년 할 수 있는 것처럼 직장생활하다가 리셋의 시간을 놓칩니다. 퇴직 준비는 최소 40대에 시작해야 합니다. 40대부터 최소 10년 정도는 퇴직 이후 다음 인생을 위한 리셋에 시간을 할애해야 합니다.

　월급쟁이는 여러 가지 이유로 바쁩니다. 그러나 바쁘다는 이유로 시간을 놓쳐서 퇴직에 임박하여 준비합니다. 그때는 퇴직의 삶을 윤택하게 하는 기반을 만들기에 시간이 부족합니다. 성공의 크기는 시간의 크기에 비례하는 법입니다. 매일 출근할 때마다 내일 당장에 잘릴 것처럼 일하고 공부해야 합니다. 그것이 월급쟁이가 할 수 있는 최고의 퇴직 준비입니다. 어쩌면 가장 현명한 직장생활 백서입니다.

　우리는 경험을 통해서 보는 눈을 키울 수 있습니다. 그런데 세상에는 경험으로 그 실체를 알 수 없는 것 두 가지가 있습니다. 하나는 죽음이고, 다른 하나는 퇴직입니다. 경험하는 순간, 바로 끝이 나는 것들입니다. 죽음과 퇴직은 경험 이전에 먼저 인지해야 합니다. 죽음을 인식하면서, 삶을 소중하게 여겨야 하고, 퇴직을 인지하면서, 현직에서 최선을 다하며 사는 겁니다. 죽음과 퇴직은 경험 이전에 인지하는 것이 중요합니다.

'메멘토 모리'라는 라틴어가 있습니다. 우리말로는 '죽음을 기억하라'는 말입니다. 왜 우리는 죽음을 기억하면서 살아야 하는 것일까요? '메멘토 모리'는 로마 시대에 했던 말입니다. 원정 전쟁을 나갔다가 돌아온 개선 장군은 마차를 타고 퍼레이드를 했다고 합니다. 개선 장군이 마차에 타고, 손을 흔들면서 행진합니다. 그때 개선 장군의 바로 뒤편에서 노예들이 개선 장군이 들리도록 외친다고 합니다.

"'메맨토 모리' 당신은 언제가 죽는다. 지금의 영광도 한순간이다." 노예는 개선 장군에게 외칩니다. 결국 삶은 유한한 것이고, 영광과 오욕은 종이 한 장의 차이밖에 없다는 사실을 인지시키는 겁니다. 이렇게 삶에서 죽음을 생각하며, 삶에 충실하듯이 직장생활도 마찬가지입니다. 직장생활을 하는 동안에는 어깨에 힘주고 건방지게 굴 필요가 없습니다. 월급쟁이는 언젠가 퇴직이라는 것을 하게 되어 있기 때문입니다.

'퇴직을 기억하라Remember Retirement.' 월급쟁이는 늘 퇴직을 기억하며 직장생활을 해야 합니다. 그렇다고 어차피 퇴직으로 끝날 테니, 대충 하라는 말이 아닙니다. 유한한 생활이니 있는 동안에 더욱 최선을 다하라는 말입니다. '퇴직을 기억하라'라는 월급쟁이가 마음에 품고 다녀야만 할 삶의 철학입니다.

해가 났을 때 젖은 볏짚을 말려야 합니다.
이번 생의 전반전은 재수가 없어
4등급에 몰리게 되었다고 해도,
아직 인생 후반전은 아닙니다.
전략적인 하프 타임을 보낼 수 있다면
후반에는 등급을 올릴 수 있습니다.
그러니 지금이 바로 그때입니다.

— 최종엽, 《오십에 읽는 논어》 중에서

04
마흔이라면 해야 할
세 가지 공부

지금 직장생활을 하는 4,50대 월급쟁이는 아마도 세 가지의 직책으로 생활하고 있을 겁니다. 잘나가는 분들은 임원으로, 아니면 팀장으로, 그도 아니면 선배 팀원으로 살아가고 있을 겁니다. 어떤 모습으로 직장생활을 하든지, 살아남아 있다는 것은 조만간 퇴직을 경험해야 한다는 것을 뜻합니다.

퇴직 이전과 이후는 게임의 룰이 다릅니다. 세 가지 측면에서 바뀝니다. 첫째, 문제의 유형입니다. 월급쟁이에게 주어진 문제는 대개 객관식입니다. 선택지가 네 가지 또는 다섯 가지로 압축된 전형적인 객관식입니다. 예를 들면, 영업 실적이 떨어지고 있다면, 상품이나 마케팅에 문제인지, 매장의 문제인지 세 가지 영역에서 해답을 찾으면 됩니다. 월급쟁이의 문제는 시간이 지나면 대부분 해결됩니다. 반면에 퇴직 이후에 문제는 전형적인 주관식 문제입니다. 심지어 문제마저 본인이 출제하고, 답안지를 작성해야 하는 것이 대부분입니다. 퇴직 이후에 창업한다면, 어디부터 어떻게 시작해야 하는지 계획을 세우고, 거기에 맞는 답을 찾아가야 합니다. 그러니 문제의 유형만 봐도 퇴직 전후는 180도 차이가 있습니다.

둘째, 게임의 진행 방식입니다. 직장이 '스크린 골프'라면, 직장 밖은 '필드 골프'입니다. 직장생활하면서, 아무리 싱글 플레이어라고 하더라도, 직장 밖에서는 초보 골퍼를 일컫는 일명 백돌이 플레이어가 될 수 있습니다. 왜냐하면 스크린과 필드는 완전히 다릅니다. 스크린 골프는 화면을 보며 예쁘게 만든 티 박스 위에서 방향을 신경 쓰지 않고 정한 메커니즘으로 치기만 하면 됩니다. 반면 필드 골프는 다릅니다. 열린 공간에서 방향을 잡는 것은 쉽지 않습니다. 그래서 필드 골프에서 '에이밍(골프에서 조준점을 맞추어 겨냥하는 일)'을 잡는 것이 가장 어렵습니다. 여기에 바람도 불고, 바닥도 울퉁불퉁하니 스크린 골프와는 차원이 전혀 다릅니다.

셋째, 협업 방식입니다. 월급쟁이는 공동체 안에서, 협력으로 성과를 만들어 갑니다. 하지만 공동체 밖에서는 각자도생입니다. 모든 것을 혼자서 다 처리해야 합니다. 협력과 각자도생은 아예 다른 협업 방식입니다.

월급쟁이 마흔이라면 시작해야 할 공부

이렇게 퇴직 이전과 이후는 살아가는 운동장이 완전히 달라집니다. 만약 마흔에 월급쟁이를 하고 있다면, 반드시 해야 하는 세 가지 공부가 있습니다.

첫째, 재테크입니다. 오십 이전에 경제적 자립을 할 수 있도록 재테크를 마무리해야 합니다. 돈은 삶에 중요한 요소입니다. 돈 공부와 부자 공부의 목적은 경제적 자립을 이루는 겁니다. 우리가 경제전문가나 경영자가 되기 위해서 돈 공부나 부자 공부를 하는 것이 아닙니다. 돈 공부는 개인이 재테크를 통해서, 경제적 안정을 이루거나 더 나아가서 부자가 되는 것이 목적입니다. 철저하게 사회나 공동체가 아니라 개인이 부자가 되는 측면에 맞추어 재테크를 하는 겁니다.

둘째, 글쓰기입니다. 글쓰기를 해야 하는 이유는 글쓰기가 메타인지를 향상하는 최고의 수단이기 때문입니다. 메타인지란 자기가 지식을 얼마나 알고 있는지를 제대로 인식하는 것을 말하고 있습니다. 보통 우리가 알고 있는 메타인지 확인 방법은 시험입니다. 시험에는 단답형 시험과 주관식 시험, 논술형 시험이 있습니다. 바로 논술형 시험이 글쓰기입니다. 따라서 메타인지를 향상하는 가장 좋은 방법은 글쓰기입니다. 글쓰기를 통해서 메타인지가 향상되면 자기계발을 극대화할 수 있습니다.

셋째, 일과 놀이를 하나로 만드는 겁니다. 일과 놀이가 분리되었을 때 사람들은 일을 지겨워하고 싫어합니다. 우리나라는 일과 놀이를 하나로 생각하는 민족입니다. 그래서 노동요가 발달했습니다. 노동요를 불러 가면서 흥에 겨워 일했습니다. 일과 놀이가 하나로 연결되었습니다. 하지만 서양은 일과 놀이를 산업혁명 이후에 철저하게 분리했습니다. 결과적으로 일은 생계를 위한 수단으로만 존재했고 이를 통해서 우리가 누릴 수 있는 흥겨움은 얻지 못했습니다. 일부 해외 기업에선 일과 놀이를 하나로 만들어 창조적인 활동을 강화하려는 방안들을 시도하고 있습니다. 대표적인 기업이 '구글'입니다. 구글은 사무 공간을 카페처럼 만듭니다. 카페에서 놀이하듯이 일하면서 창의성을 깨우려고 합니다. 이처럼 월급쟁이들에게는 일과 놀이가 하나 되는 직업의식이 있어야 합니다. 오십 이전에는 일과 하나 될 수 있는 놀이가 있어야 합니다. 일을 놀이처럼 해야 합니다. 이를 위해 놀이가 일이 되는 방법을 찾든가 아니면 취미가 일이 되는 방법을 찾아야 합니다.

이 세 가지는 최소한 오십 이전에 월급쟁이 시절에 준비해야 하는 공부입니다.

2장

경제적 독립에 필요한 '돈 공부'

우리는 돈에 관련해서 제대로 배워 본 적이 없습니다. 어떻게 돈을 다루어야 부자가 되는지 가르쳐 주는 사람이 없습니다. 경제학과 경영학이라는 학문의 이론 속에 비비 꼬아서 돈을 숨겨 놓았습니다.

돈의 힘도 모르고, 돈을 다루는 법도 모르고서 퇴직을 해서는 안 됩니다. 우리가 나이를 먹을수록 돈은 내 삶을 받쳐 주는 든든한 토대입니다. 늦어도 오십 이전에는 반드시 돈 공부를 통해서 경제적 기반을 갖추어야 합니다.

01
내가 가진 돈이
자립하게 만든다

　스스로 부자 아빠라고 생각하시나요, 아니면 가난한 아빠라고 생각하시나요? 지금 마흔이라면 스스로 냉정하게 되짚어 보시길 바랍니다. 이미 서른에, 더 앞서서 스물에 되짚어 보아야 했습니다. 적어도 오십 이전에는 자산가는 아니더라도 경제적인 토대를 튼튼하게 확보했어야 맞습니다.

　오십에도 빈털터리나 가난뱅이로 살아가지 않으려면, 들어가는 노력의 품이 생각하는 것보다 큽니다. 오십 이전, 월급을 받고 있을 때 튼튼한 소득의 파이프라인이 있어야 합니다. 특히 대한민국은 패자부활전이 없는 무한 경쟁 사회입니다. 오십 이후 삶에서는 '돈이 곧 힘'입니다. 적어도 오십에는 어느 정도 은퇴 준비가 되어 있어야, 인생이 빛나지는 않더라도 암울하게 어둠 속으로 떨어지지 않습니다. 마흔의 여러분들에게 지금부터 오십 이전에 경제적 자립을 이룩하는 몇 가지 해법을 제시하겠습니다. 경제적 자립에 필요한 이야기이니 귀 기울이기 바랍니다.

가난한 월급쟁이로 시작해
50억 자산가로 퇴직한 방법

저는 가난한 월급쟁이로 시작해서 50억 자산가로 퇴직했습니다. 어떻게 그렇게 할 수 있었을까요? 사실은 뛰어난 비법이란 없습니다. 다만 세 가지만 충실하게 이행했을 뿐입니다. 첫째, 성실한 무기징역수처럼 직장생활을 누구보다 열심히 했기 때문입니다. 둘째, 검소하고 절약하는 생활 습성 때문입니다. 셋째, 부자가 되는 실질적인 공부를 했기 때문입니다. 성실한 직장생활 덕분에 '월급'이라는 고정 소득을 25년 동안 받을 수 있었습니다. 검소하고 절약하는 생활 습성 덕분에 월급에서 적은 금액이라도 꼬박꼬박 저축했습니다. 저축으로 푼돈을 종잣돈으로 만들 수 있었습니다. 부자 되는 실질적인 공부 덕분에 종잣돈을 가치가 불변하는 자산에 투자할 수 있었고, 그 자산의 가치가 커진 덕분에 50억 자산가로 퇴직할 수 있었습니다.

월급쟁이가 부자로 퇴직하려면 먼저 경제적 자립을 위한 목표가 필요합니다. 50억이든지 100억이든지 1,000억이든지 목표를 세우고, 그 목표까지 어떻게 가야 할지 그 길을 찾아가는 것입니다. 시작 단계에선 순서가 중요합니다. 시작은 월급쟁이로서 일의 마스터가 되어야 합니다. 월급쟁이로서 최고 지위에 올라갈 수 있는 실력을 길러야 합니다. 그럼 월급은 자연스럽게 올라갑니다. 그 올라가는 월급과 사회적 신용을 기반으로 종잣돈을 모으는 겁니다. 그다음에는 부자가 되는 실질적인 공부를 하는 겁니다.

왜 부자가 되는 방법을 연구하는 학문은 없을까?

제가 드리고 싶은 얘기는 이미 다 알고 있는 내용일 수도 있습니다. 다만 여러분이 경제적 자립에 대해서 대충 알고 있거나, 또는 명확한 개념 정리가 부족하다고 생각합니다. 이 불명확한 부분들 또는 깊이 있게 생각해 보지 못했던 부분들을 세심하게 짚어 보고 싶었습니다.

우리가 살아가는 세상을 경제적 관점으로 이해하기 위해서는 경영학과 경제학을 주로 많이 공부하고 있습니다. 하지만 개인의 삶에선 경제학과 경영학이 짚어 내지 못하는 부분들이 많습니다. 부자가 되거나 경제적인 안정을 찾고자 하는 사람이라면 반드시 경제학과 경영학에 앞서 '부자 공부'를 해야 합니다. 왜냐하면 경제학과 경영학으로는 개인이 부자가 되는 법을 제시하지 못하기 때문입니다. 부자 공부를 통해서 개인이 경제적인 자립을 이룩하는 자산을 만들고, 그 자산을 토대로 부자로 성장하며 그 부를 유지하고, 그것을 통해서 행복하게 살아가는 방법을 배울 수 있습니다. 하지만 경제학과 경영학은 개인의 경제적 삶을 안내하는 역할을 하지 못합니다. 그 이유는 경제학은 경제의 숲을 설명하지만, 세부적인 경제의 나무에 해당하는 개인의 경제적 삶을 놓치는 부분들이 많기 때문입니다.

왜 그런 현상이 벌어지는지를 알아야 합니다. 그것을 모르고는 경제적 자립을 할 수가 없습니다. 흔히 퇴직자들이 말합니다. "직장생활 20년 동안 열심히 일하면서 누구에게도 부끄럽지 않게 성실하게 살아왔는데, 지금 나는 왜 이렇게 힘들지?" 한마디로 답변한다면, 당신이 '부자학(개인이 부자가 되는 방법론)'을 몰라서 힘든 겁니다. 부자 공부를 통해서 경제학과 경영학이 가지는 한계를 극복할 수 있습니다. 그런데도 경제적 구조에 대한 명확한 인식이 없으면, 자본주의 삶을 살아가는 데 한계가 있다는 것을 깨달은 지점에서 부자로 나아가는 방법을 찾아가는 것이 좋습니다. 급하게 서두르기보다는 차츰차츰 부자의 길로 나아가면 됩니다.

먼저 부자 공부에 앞서 경제학과 경영학이 무엇인지 개념을 정확하게 파악하고 있어야 합니다. 경제학은 사전적으로 경제 현상을 분석하고 연구하는 학문입니다. 사회 과학의 한 분야로 국민 경제학, 경영학, 재정학, 가정학을 통틀어 이르는 말인데 일반적으로는 국민 경제학이라고 정의하고 있습니다. 경영학은 사전적으로는 기업의 조직과 관리 운영에 관하여 과학적으로 연구하는 개별적인 학문입니다. 기업의 형태 · 구조 · 존립 조건 따위를 분석 · 해명하고 당면 문제의 해결 방법을 연구하며 개발한다고 정의하고 있습니다. 그 어느 곳에도 개인의 경제적인 삶을 끌고 갈 수 있는 방법론이 없습니다. 경제 주체 중에서 국가와 기업에 필요한 이론과 방법이 있을 뿐입니다.

부자 공부는 순수 사회 과학에 근거한 학문이기보다는, 제가 그동안 해 왔던 경제적 경험을 통해서 '어떻게 부자로 나아갈 것인가'에 대한 방법론입니다. 부자 공부를 통해서 부자가 못되더라도 최소한 경제적 자립을 할 수 있는 길은 찾을 수 있습니다. 퇴직 이후 부자로서 살아간다는 얘기는, 경제적인 독립을 이루어 자기 주도적인 삶을 산다는 의미입니다. 그래서 그 한계점들을 극복하여 각 개인이 살아가는 방법을 접목해서, 부자로 가는 길을 제시해 보자는 생각으로 '부자학'을 만들었습니다.

퇴직 이후에 경제적 자립을 기반으로 살아가는 방법을 부자 공부를 통해서 전해 주고 싶었습니다. 월급쟁이로 살아가는 동안에는 그런 현실적인 방법들이 필요합니다. 그래서 퇴직 이전에 경제적 자립을 이루어야 합니다. 퇴직 이후에는 당장에 경제적 자립을 이룰 자원이 없습니다. 만약에 오십 이전에 경제적 자립을 이루지 못하면, 그 후로 살아가는 현실은 처참할 수 있습니다. 경제적 기반은 말 그대로 바탕입니다. 그 처참한 현실에 빠지면, 다른 길이 전혀 보이지 않습니다. 가난에서 벗어나야만 다른 삶의 가치를 추구할 수 있습니다.

부자 공부는 월급쟁이가 경제적 자립의 길로 가는 법을 제시해준다고 할 수 있습니다. 보통 부자라 하면, 경제적으로 자립한 사람은 50억 자산가도 있고, 100억 자산가도 있고, 더해서 1,000억 자산가도 있습니다. 부자 공부를 통해서 나를 둘러싼 경제 메커니즘을 파악하고, 부자 공부를 기반으로 경영학을 공부해서 사업체 운영을 배운 다음에 국가 공동체 경제가 어떤 패턴으로 움직이고 있는지 경제학을 공부해야 합니다. 순서에 따라 공부하는 것이 효율적입니다.

02
부자 공부는
순서가 중요하다

부자 공부의 과정을 지금부터 말씀드리겠습니다. 부자가 되기 위해 제일 먼저 꺼내 드는 책이 무엇인가요? 혹시 경제학 책이 아닙니까? 경제학을 저는 '부의 세계 지도'에 비유합니다. 그렇다면 세계 지도만 가지고 현실을 살아갈 수 있나요? 세계 지도만 가지고 살아갈 수 없습니다. 물론 세상을 이해하기 위해서 세계 지도는 꼭 필요합니다.

세계 지도는 어디에 필요한가요? 세계 지도가 있어야만, 세상의 구조가 어떻게 돼 있다는 걸 다 이해할 수 있습니다. 마찬가지로 경제학이라는 부의 세계 지도도 필요합니다. 다만 당장 현실 경제에서 쓸모가 없는 경우가 많습니다. 하지만 큰 부자로 가는 길은 대양을 건너는 일이라, 반드시 세계 지도가 필요합니다. 숲을 모르고 나무에 매몰되어 편협한 경제 관념을 가지고는 부자의 길로 갈 수 없습니다.

앞서 말했듯 경제학은 부의 세계지도입니다. 그래서 경제학을 공부하는 겁니다. 다만 경제학을 공부할 때 순서가 필요합니다. 먼저 부자 공부하고, 다음에 경영학을 공부한 후 경제학을 공부하는 겁니다. 그렇게 해야 하는 이유는 나하고 가까운 곳에서 시작해서 넓게 확장해야 하기 때문입니다. 우리 마을에서 내가 사는 위치를 확인하고, 그다음에 우리나라 지도에서 내가 사는 위치를 확인한 후 세계 지도 위에서 내 위치를 확인해야 비로소 나를 둘러싼 경제 환경을 이해할 수 있기 때문입니다. 나를 둘러싼 환경을 이해하는 기반으로 경제학을 공부하면, 현실적인 경제 공부를 할 수 있고, 경제학을 제대로 이해할 수 있습니다.

경제학은 가장 기본적인 경제 주체인 정부를 기반으로 경제 현상을 분석하기에 경제 숲을 살필 수 있는 과학입니다. 경제학은 어떻게 부의 세계 지도의 역할을 할 수 있느냐, 그 대답은 바로 부의 마을 지도인 부자 공부에서 찾아야 합니다.

부를 끌어당기는 경제 공부

부자 공부를 이해하기 위해선 '경제 주체'라는 용어를 이해해야 합니다. 경제 주체에는 세 가지가 있습니다. 바로 정부, 기업,

가계입니다. 그중 가장 거대한 경제 공동체는 국가 단위 경제 주체인 정부입니다. 다음 경제 주체는 기업입니다. 그리고 가장 작고, 다수인 경제 주체인 '가계'가 있습니다. 가계는 인간이 살아가는 가장 핵심적이고 기본이 되는 가족 단위를 말합니다. 가족 속에 바로 개인이 있습니다. 개인의 삶을 기반으로 하는 경제 주체인 가계를 기반으로 부자가 만들어집니다. 결국 부자는 개인 또는 가족 또는 집안이 부를 가지는 것을 말합니다. 부자는 가족의 영역입니다. 우리는 가족을 기반으로 삶의 공동체를 형성했습니다. 부자 공부는 개인 또는 가족이 경제 활동을 하면서 부자로 가는 길을 찾아가는 경제 공부를 말합니다.

경제학이 세계 지도이고, 경영학이 우리나라 지도라면, 부자 공부는 마을 지도입니다. 부의 마을 지도를 알아야 부자의 길로 갈 수 있습니다. 현실에서 지리의 쓸모가 가장 많은 곳은 내가 사는 마을입니다. 그다음이 나라 지도이고, 가장 쓸모가 떨어지는 것은 세계 지도입니다. 그래서 우리가 가져야 할 지도는 '부의 마을 지도'입니다.

부자 공부란 화폐 경제의 시대에 불변하는 가치를 통해서 부자가 되는 방법론을 의미합니다. 인류 역사상 가치가 떨어지지 않고 계속 상승한 물건은 두 가지입니다. 첫째는 땅이고, 둘째는 금입니다. 땅은 부동 자산이고, 금은 유동 자산으로, 가장 오래된 불변하는 가치를 지닌 자산입니다. 현대에 와서 다양한 자산이 만들어졌지만, 그중에서 절대로 불변하는 자산은 땅과 금입니다. 그 땅과 금의 가치를 이용해서 부를 쌓는 방법이 부자 공부입니다.

경제를 공부하는 순서는 부자 공부를 기반으로 경영학과 경제학을 이해하는 과정입니다. 부자 공부는 개인이 일상을 살아가면서 경제적 판단을 내리는 과정입니다. 우리는 매일 일상에서 경제적인 선택을 해야 합니다. 그때마다 올바른 선택을 위해서는 나를 둘러싼 직접적인 경제 환경인 부의 마을 지도가 필요합니다. 우리가 당장에 하루를 살아가는 데 가장 필요한 것은, 식사하고 옷을 입고 잠을 자는 기본적인 것을 해결할 수 있는 경제 활동입니다. 그때 부의 마을 지도를 보며 골목길을 선택하는 겁니다. 삶의 기본은 여기에 있습니다.

경영학은 기업이 어떻게 부를 일구는지 볼 수 있는 지도입니다. 그전에 경영학의 의미를 알아야 합니다. 경영학은 기업을 효율적으로 운영하는 법을 다루는 학문입니다. 기업은 재화와 서비스를 생산하여 공급해 주고, 이를 통해서 이익을 취하는 경제 주체입니다. 기업은 재화와 서비스의 생산과 유통을 책임지고 있습니다. 경영학은 기업을 잘 경영하는 운영 체계를 다루고 있습니다.

우리나라 지도를 보고 태백산맥이 어디 있고 경부 고속도로가 어떻게 뚫려 있으며 부산까지는 어떻게 가야 하는지 등을 파악해야 전국 여행을 갈 수 있습니다. 마찬가지로 부를 향해 갈 수 있는 길들이 표시된 전국 지도는 경영학입니다. 기업이 어떻게 재화와 서비스를 생산해서 이익을 내는가, 그 과정을 이해할 수 있습니다.

회사는 비용 관리의 끝판왕

경영이란 최소 비용으로 최대 효율을 만드는 일입니다. 그중에서 최소 비용 관리는 경영에서 배워야 할 핵심 요소입니다. 경영에서 중요한 축의 하나가 바로 비용 관리입니다. 비용 관리는 회사에서 배워야 합니다. 그런데 대부분은 그저 업무라고 생각하여 비용 관리법을 배우지 못합니다.

절감은 아껴서 줄이는 것이고, 감축은 덜어서 줄이는 것이며, 절약은 함부로 쓰지 아니하고 꼭 필요한 데에만 써서 아끼는 것입니다. 절약은 아끼는 데 주안점이 있고, 감축은 덜어내는 데 주안점이 있다면, 절감은 비용을 아껴서 사용을 줄이는 가장 포괄적인 의미를 말합니다. 보통 가정에서는 절약하는 방식으로 지출을 관리하고, 기업은 감축과 절감으로 비용을 줄입니다.

저는 기업에서 가장 효율적인 절감의 법칙을 통해 비용을 줄이는 방식을 몸으로 배운 적이 있습니다. 그중 비용 절감에 가장 유용한 방법은 바로 불량품 관리 체계입니다. 불량품 관리에 1대 10대 100의 법칙이 있습니다. 이는 불량 제품을 현장에서 발견하고 그 즉시 처리하면 100배의 비용을 절약할 수 있다는 법칙입니다. 즉, 불량 제품을 제조 단계에서 발견하면, 1의 비용이 들어가고, 유통 단계에서 처리하면 10의 비용이 들어가는데, 이 불량 제품이 고객의 단계까지 간다면 문제를 해결하기 위해 100의 비용이 들어간다는 뜻입니다.

예를 들어, 삼겹살로 설명해 보겠습니다. 돼지 한 마리에서 나오는 삼겹살은 14~15킬로그램 정도입니다. 삼겹살을 우리 가정에서 구워 먹을 수 있게 상품화하는 과정은 크게 세 가지 단계를 거쳐야 합니다. 첫 번째는 돼지를 키워서 도축하고 가공하는 생산 단계이고, 두 번째는 그렇게 포장된 부위별로 고기를 한두 근 단위로 절단하여 요리하기 쉽게 하는 상품화 단계입니다. 이렇게 작은 포장 단위로 이동되는 것을 유통 단계라고 합니다. 그리고 마지막으로 고객들이 구매해서 집에서 요리하는 것을 소비 단계라고 합니다.

A 회사의 삼겹살이 있는데, 지방이 과도하게 많아서 구이용 삼겹살로 상품화하기에는 적절하지 못한 불량품이라고 합시다. 이 불량 삼겹살을 A 회사의 생산 단계에서 발견하면, 1의 비용으로 클레임 처리가 가능합니다. 가공 과정에서 구이 상품이 아닌 가공 상품으로 제외하면 됩니다. 그런데 이 지방이 과다한 삼겹살이 제조에서 제외되지 못하고, 유통 단계로 넘어가면 10의 비용이 들어갑니다.

소매상으로부터 불량품을 회수하면 가공 과정의 상품화에 들어간 물류 비용, 그리고 회수 비용, 여기에 브랜드 이미지 저하 비용까지 합해 10배 비용이 증가하여 10의 비용이 들어갑니다. 더 큰 문제는 다음 단계입니다. 유통 단계에서 제외되지 못하고 지방 과다 삼겹살이 소비자에게 판매된 이후 소비자 클레임으로 문제가 발생하면, 최소 100의 비용이 들어가게 됩니다. 불량 상품이 안 생길 수는 없습니다. 그래서 생산 단계에서 불량품을 제거하는 것이 바로 99의 비용을 절감하는 효과를 얻을 수 있는 겁니다. 1대 10대 100의 법칙은 기업에서 비용을 절감하는 가장 합리적인 전략이 됩니다.

기업에서만 1대 10대 100의 법칙이 통하는 전략일까요? 아닙니다. 우리 가정에서도 비용을 절감하는 전략이 될 수 있습니다. 우리 일상생활에서도 그대로 적용할 수 있습니다. 예를 들어, 탐욕입니다. 남의 것을 탐하는 욕망으로 예를 들 수 있습니다. 슈퍼카를 타고 싶은 마음이 있다고 해 봅시다. 슈퍼카를 타고 싶은 탐욕으로 리스(장기간 임대)하면, 1의 대가가 들어갑니다. 하지만 리스에 만족을 못 하고 자기 돈으로 사면 10의 비용이 들어갑니다. 차량 비용과 유지 비용으로 인한 결과 때문입니다. 만약에 자기 돈도 없이 할부로 사면, 그 대가는 100입니다. 할부의 대가를 톡톡히 치러야 합니다.

그래서 탐욕과 악행은 아예 생각이 떠오르지 않도록 평상시에 마음의 수양을 잘하는 것이 삶의 비용을 줄이는 전략입니다. 누구나 슈퍼카와 명품 가방을 갖고 싶은 마음이 있습니다. 단지 생각에 불과하도록 1대 10대 100의 법칙을 사용해서 효율적인 자기 관리를 해야 합니다.

퇴직하면서 제일 먼저 해야 하는 일은 지출을 통제하는 것입니다. 지출 통제를 잘하려면 회사의 경영 관리법을 이용하는 것이 필요합니다. 만약에 퇴직 이후에 지출 관리에 구멍이 생기면 생활고로 걷잡을 수 없이 치닫게 됩니다.

부의 세계 지도, 경제학

경제학은 국가라는 공동체 단위의 경제 현상을 이해하는 학문입니다. 경제학은 재화와 서비스가 어떻게 생산되고, 재화와 서비스를 생산할 수 있는 기본적인 자산이 어떠한 역할을 하는지를 거시적으로 바라봅니다. 거시적인 관점을 이해하려면 경제학을 공부해야 합니다.

경제학은 애덤 스미스에 의해서 18세기부터 시작된 학문입니다. 이제 겨우 200여 년 된 학문이 부의 세계 지도를 정확하게 그려 낼 수 있을까요? 그렇게 할 수 없습니다. 그러니 경제학을 통해서는 이런 큰 흐름으로 흘러가는구나 정도의 거시적인 모습만 이해하길 바랍니다. 지나치게 깊이 파악하다가 자칫 전문가의 함정에 빠질 수가 있습니다. 오히려 경제의 전체적인 틀을 이해하는 관점에서 바라보겠다고 생각하면 쉽게 접근할 수 있습니다. 경제학을 어렵게 생각하지 말고, 전체적인 흐름만 이해하면 됩니다.

경제학을 이해하려면 가장 먼저 알아야 할 것은 시장입니다. 수요와 공급이 만나는 시장을 애덤 스미스는 《국부론》에서 '보이지 않는 손'이라는 용어로 개념을 정립했습니다. 시장에선 재화와 서비스가 수요와 공급으로 만나고, 그 만나는 지점을 균형 가격이라고 합니다. 이런 시장의 흐름이 일어나는 경제 활동들을 이론적으로 정립한 것이 경제학입니다.

근대 경제학자는 시장 우선주의 원칙을 내세웠는데, 여기에는 한계점이 있습니다. 부의 힘을 가진 사람은 모든 세상의 부를 빨아들이는 힘을 가지고 있다는 점입니다. 부자가 부를 독점하는 현상이 일어날 수밖에 없습니다. 이것을 막아야겠다고 생각해서 칼 마르크스는 결국 공동 생산과 분배를 통해 부의 불균형을 해소해야 한다고 주장했습니다. 칼 마르크스에 의해서 경제학 이론이 한 바퀴 뒤집히는 현상이 벌어졌습니다.

경제학에서 시장주의가 아니라 공동 생산과 분배가 하나의 흐름이 되었습니다. 공동 생산과 분배도 모순이 있고, 시장주의도 모순이 있습니다. 시장주의가 가진 모순과 공산주의의 문제점을 개선하여 정부라는 주체가 재정 정책을 통해서 일부의 시장에만 개입하는 형태로 만들자고 했습니다. 바로 '케인스 경제 이론'입니다. 케인스 이론도 모순이 생겨나니 다시 시장주의의 원칙을 기반으로 신시장 자유주의가 등장합니다. 이것은 하이에크의 주장인데, 그는 통화 정책을 통화량으로 조절해서 시장을 조절하는 경제 정책을 내세웠습니다. 정부의 재정 정책이 아니라 시장에 대해서 통화량을 기반으로 조정하는 정책이었습니다. 오늘날에도 재정 정책과 통화 정책을 병행한 경제 정책을 사용하고 있습니다.

처음에는 완전한 자유 시장주의 원칙이었다가, 두 번째는 공동 생산과 분배를 토대로 한 계획 경제를 실시했습니다. 그러나 이것도 안 되니까 정부가 임의로 개입하는 재정 정책을 실시하다가 통화량을 조정하는 신자유주의 정책으로 변화됐습니다. 이 정도로 경제학의 역사를 이해하고 있으면, 현재 경제 구조가 왜 이렇게 되어 가고 있는지 흐름을 알 수 있을 겁니다. 지금 금리가 올라가고 내려가는 통화 정책이 미국의 대통령이 누가 되는지에 따라 좌우로 흔들리는 이유를 알 수 있습니다. 바로 부의 세계 지도가 이렇게 그려졌기 때문에 경제학의 역사를 통해서 경제 흐름을 이해하게 되는 겁니다.

경제적 재난을 피하는 돈의 세계 지도

고난은 개인의 몫이지만, 재난은 사회의 몫입니다. 보통 개인에게는 재난이 아니라 고난만 있어야 합니다. 개인의 인생에서 고난은 감당할 수 있는 영역입니다. 하지만 재난은 그렇게 할 수 없는 영역입니다. 재난을 방지하는 사회의 노력이 필요하다고 생각합니다. 우리는 사회라는 공동체를 형성하고, 그 공동체 속에서 삶의 가치를 만들어 내고 행복을 꿈꾸며 살아가고 있습니다. 그런 삶에 끼어든 불청객이 바로 사회적 고난입니다. 특히 경제적 고난은 우리의 일상을 때로는 지옥으로 만들기도 합니다.

개인이 감당할 경제적 고난에는 소득 문제, 지출 문제, 저축 문제, 돈을 빌리는 대출 문제, 돈을 불리는 투자 문제라는 다섯 가지가 있습니다. 이 경제적 고난과 연결되면 우리의 삶은 나락으로 떨어질 수 있습니다. 사회가 감당할 경제적 고난은 다섯 가지로 물가, 금리, 임금, 환율, 경제성장입니다.

첫째, 고물가의 지속입니다. 고물가는 재화의 사용 가치는 그대로인데 재화의 값만 올라가는 현상입니다. 보통은 재화의 사용 가치가 상승할 때, 재화의 값이 오릅니다. 예를 들면, 단순한 말과 글의 소통 기능인 핸드폰에서, 말과 글뿐 아니라 지식과 정보가 소통되는 혁신으로 스마트폰이라는 사용 가치가 부과되어 값이 올라갔다면, 그것은 물가 상승이 아닙니다. 고물가, 즉 인플레이션은 다릅니다. 인플레이션은 물건의 가치는 그대로인데, 물건의 값만 올라간다는 의미입니다. 2022년 9월 15일부터, 농심 신라면 한 봉지가 736원에서 820원으로 올랐습니다. 즉, 똑같은 '신라면' 한 봉지로서 상품의 가치는 전혀 변한 것이 없습니다. 라면 값만 736원에서 820원으로 84원이 오른 겁니다. 물가 인상률은 (820−736)/736×100=11.4퍼센트, 9월 15일 기점으로 똑같은 신라면 한 봉지가 11.4퍼센트 올랐다는 말입니다.

월급은 그대로인데, 이렇게 물건값이 올라가면 월급의 사용 가치가 떨어지게 됩니다. 서민은 고물가 시기에 생활 수준은 그대로이지만 쓰는 돈이 늘어나게 됩니다. 미래의 가치 증진을 위한 투자를 하는 것도 아닌데, 지출은 자꾸 늘게 되는 것입니다. 이렇게 경제적 상황이 변하면서 서민들이 겪는 고통이 점점 더 가중됩니다. 그래서 고물가는 경제적 재난입니다.

둘째, 고금리의 통화정책입니다. 저금리에는 그대로인데, 돈의 교환 가치는 떨어집니다. 중앙은행은 돈의 교환 가치를 높이기 위해서, 돈의 값을 강제로 올리는 통화 정책을 실시합니다. 그렇게 기준 금리를 올리게 되면서, 돈의 값이 오르는 고금리 시대가 됩니다. 고금리 시대는 돈 많은 부자에게 축복이지만, 돈 없는 가난한 사람에게는 고난입니다. 부자는 소수이고, 가난한 사람은 다수입니다. 결국 다수인 가난한 사람들에게 고금리는 사회 경제적 고난입니다. 똑같은 금액이라도 돈의 값이 오르면, 돈을 은행에 맡기고 돈의 값으로 살아가는 사람에게는 천국 같은 사회가 됩니다. 하지만 돈을 빌려서 돈의 값을 내고 살아가는 서민에게 고금리는 고통이 됩니다.

셋째, 저임금과 실업률입니다. 저임금이란 노동량은 그대로인데, 노동의 값이 내려간 것을 말합니다. 노동자가 작년에 평균 주 52시간을 일해서 80만 원을 받았는데, 올해도 80만 원을 그대로 받고 있다고 가정해 봅시다. 그 노동자의 실질 소득은 소득 금액에서 물가 상승률을 제외한 금액이 됩니다. 그런데 물가가 5퍼센트 상승했다면, 임금은 그대로이지만 실질 소득은 5퍼센트가 감소한 것입니다. 여기에 일부 노동자는 실업으로 80만 원이란 그 임금마저 없어졌다면, 노동자들은 사회 경제적 곤란을 겪게 되는 것입니다.

넷째, 고환율입니다. 고환율은 원화의 가치를 하락하게 만듭니다. 환율은 국가 간 돈의 교환 비율을 말합니다. 보통 평상시에는 1달러=1,300원이라는 등식으로 원화와 달러를 교환할 수 있었습니다. 그러나 고환율이 되면서 1달러=1,400원이란 등식으로 원화와 달러가 교환됩니다. 쉬운 예로 삼성전자의 스마트폰이 1달러=1,300원의 환율 시기에는 미국에서 1,300원으로 판매가 되었는데, 지금 1달러=1,400원 환율 시기에는 1달러 이하로 판매가 되기 때문에 수출이 늘어납니다. 수출 주력인 기업들은 고환율의 혜택을 받습니다.

반면에 수입하는 생필품에는 반대 현상이 일어납니다. 대표적인 수입 품목은 곡물인 식량 자원과 석유 같은 에너지 자원, 그리고 니켈 같은 광물 자원입니다. 우리나라의 수입상이 1달러=1,300원 환율 시기에는 1달러 치의 밀을 1,300원을 주고 수입했는데, 1달러=1,400원이 되면 1달러 치의 밀을 1,400원을 주고 수입해야 합니다. 당연히 밀가루의 수입 물량은 그대로 있는데, 수입 대금만 올라가는 겁니다. 그렇게 수입된 밀가루가 라면, 떡볶이, 빵 등의 가공식품 원료입니다. 당연히 원재료값이 올랐기 때문에 우리나라 물가는 더 올라갑니다. 수입한 물품을 생필품으로 사용하는 서민의 생활에 고통이 가중됩니다.

다섯째, 경제의 저성장입니다. 저성장이란 국내 총생산이 성장하지 못하는 현상입니다. 국내에서 생산되는 재화는 전년도와 똑같거나 그 이상입니다. 그런데 이 재화가 소비되지 못하고, 재고로 쌓이게 됩니다. 이렇게 되면 재화의 생산과 유통, 그리고 소비라는 경제 흐름에서 경화가 일어나게 됩니다. 결국 경제 주체인 기업과 가계는 경제 사회적 어려움이 가중됩니다. 저성장은 사회 경제적 고난으로서 서민에게 더욱 고통을 줍니다.

이 사회 경제적 고난은 어느 순간에 한꺼번에 밀려옵니다. 우리는 이것을 경제적 재난이라고 합니다. 경제 용어로는 '퍼펙트 스톰'이고, '스태그플레이션'이라고도 합니다. 경제적 재난은 국가가 책임을 지고 막아 주어야 합니다.

이렇게 경영학과 경제학의 본질을 이해한다면, 오십 이후 안정적인 삶을 위한 경제적 기반을 구축할 수 있습니다. 경제학과 경영학 지식에 부자 공부를 통한 현실 지식을 보태서 당신이 부자가 되기 위한 경제적 목표로 나아가는 겁니다.

03
현재, 나는
어디에 서 있는가?

과거에는 잘해 왔고, 현재도 잘하고 있고, 미래는 잘될 것입니다. 이렇게 각성 효과가 강한 피로회복제 같은 희망으로 경제적 자립을 이루기는 어렵습니다. 냉철하게 현실 인식과 자기 분석을 해야 합니다. 먼저 당신은 어느 지점에 있고, 그 경제적 위치를 볼 수 있는 좌표를 알아야 합니다. 현재 어디에 있는지 위치를 알아야 어떻게 부자의 길로 갈 것인지 그 방향을 찾을 수 있습니다.

경제적 좌표는 지리적 위치를 파악하는 것처럼 경제 위도와 경제 경도에서 어느 위치에 내가 서 있는지 그 좌표를 정확하게 파악해야 합니다. 그러니까 현재의 좌표를 아는 데서 출발하여, 더 나아가 내가 어디에 서 있는지 알아야 합니다. 현재의 좌표와 과거의 좌표를 연결하여 미래로 선을 그으면, 그곳이 앞으로 내가

서 있어야 할 경제적 좌표입니다. 미래로 나아가기 위해서는 과거와 현재의 좌표를 발견해야 합니다.

현재의 좌표를 되짚어 보지 않고는 내가 사는 현재 위치를 알수가 없습니다. 현재와 과거의 좌표를 되짚지 않고는 미래의 좌표도 알 수가 없습니다. 그래서 과거 좌표의 시작 지점을 알아야 어디서 와서 현재에 내가 서 있고, 다가오는 미래 부가 있는 곳으로 어떻게 갈 것인지 알 수 있습니다.

그렇다면 현재의 좌표와 과거의 좌표는 무엇일까요? 현재의 좌표는 내가 지금 서 있는 위치입니다. 하지만 과거의 좌표는 나혼자만의 과거가 아닙니다. 현대 자본주의는 가문을 통해서 부가연속적으로 이어지는 상속 제도 안에 있습니다. 따라서 나를 알기 위해서는 나의 아버지를 알아야 하고 나의 아버지 이전에 할아버지를 알아야 합니다. 아버지와 할아버지가 어떻게 살아왔는지 이해해야만 현재 내가 있는 위치까지 정확하게 알 수 있습니다. 최소한 할아버지와 아버지의 경제적 좌표를 정확하게 파악했을 때 우리는 부자라는 방향으로 나아갈 수가 있는 겁니다. 그걸 모르고 우리는 부자의 길로 한 발자국도 나아갈 수 없습니다.

지금부터 제가 현재 어디에 서 있고, 우리 집안이 어떻게 여기까지 왔는가. 그리고 다음은 부자로 가는 데 필요한 것들이 무엇인지 얘기를 시작하겠습니다.

우리 집안은 어떻게 여기까지 왔는가

우리 집안의 역사를 중심으로 얘기해 보겠습니다. 꼬리에 꼬리를 무는 세 가지 의문이 이 얘기의 핵심입니다.

첫째, 나는 25년 동안 열심히 일했는데, 왜 아직도 힘든 걸까? 제가 2020년 퇴직한 이후에 가장 많이 들었던 생각입니다. 내 현재 위치는 퇴직하고 이제 4년이 지났고, 지금도 그 위치 언저리에 서 있습니다. '나는 아직도 왜 힘든가, 내가 살아온 직장생활 25년은 무엇이 문제였던가.' 이런 후회를 되짚어 보는 것이 현재의 나를 찾아가는 가장 좋은 방법이었습니다.

둘째, 우리 가문은 왜 부자가 못 됐을까? 우리 할아버지나 우리 아버지는 왜 부자가 못 됐을까? 이 부분에 대해 얘기해야만 나의 과거에서 현재까지 온전히 이해할 수 있습니다. 이것이 파악되면 미래에 내가 부를 향해서 어떻게 나갈지 알 수 있는 겁니다.

셋째, 부자는 어떻게 부를 쌓을 수 있었을까? 미래의 부를 창출하는 방법을 얘기하도록 하겠습니다.

지금부터 세 가지 의문점들을 하나하나 세세하게 설명하겠습니다.

첫째, 2020년 제가 퇴직했을 때 '그동안 진짜 쉬지 않고 일했는데 왜 여전히 힘든가'라는 생각이 들었습니다. 이 생각에 몰입하면서 찾아낸 실마리가 있습니다. 현재 내 좌표의 위치는 근로자의 삶에 붙들려 사회 경제적으로 보면 삶의 끝 지점에 있습니다. 근로자의 삶이란 월급에 의존하며, 내 것도 아닌 회사의 명함에 의지해서 끈끈하게 생각한 인맥도 별거 없는 것입니다. 퇴직하는 순간, 근로자로 누렸던 삶은 끝나는 것입니다. 그것들은 한순간에 다 사라져 버립니다.

어찌 보면 저는 퇴직 이전까지 허공 속에 떠 있는 허상 위를 내위치로 여기고 살아왔던 겁니다. 그래도 대기업 직원이니까 잘살고 있는 거야, 월급을 이만큼 많이 받고 있으니까 나는 그래도 상위 몇 퍼센트 안에 들어가는 삶을 살고 있는 거야, 그렇게 믿고 싶었습니다. 인맥으로 쌓은 지인 중 국회의원이나 장관도 있고, 대기업의 대표이사도 있으니 내 인맥은 괜찮다고 여겼기 때문에 이런 인맥 속에 있는 나는 잘 살았다고 위안 삼았습니다. 그래서 부자로 가는 길에 근접한 높은 위치에 있다고 생각했는데 막상 딱 퇴직하고 보니까 그 모든 것이 순식간에 물거품이 되어 버린 겁니다. 나에게 남아 있는 건 내 자산과 가족과 '정선용'이라는 이름으로 활동하며 쌓은 가치 이외에 하나도 없었습니다. 그래서 저 앞이라고 생각했던 내 위치는 어느 순간 과거의 바닥에 와 있었습니다. 처음에 시작했던 지점에 대한 이해가 부자 공부를 하는 출발점입니다.

저는 근로자의 삶이 끝나는 지점에 있었는데, 그 본질을 자세히 들여다보니 우리 아버지와 할아버지가 했던 실패의 원인이 보이기 시작했습니다. 마치 삶의 본질을 가리고 있던 안개가 걷히면서, 우리 아버지와 할아버지가 어떻게 살아왔는지 명확하게 보였습니다.

우리 가문은 왜 부자가 되지 못했을까

부자 가문은 가문의 일원 중에서 부자의 조건을 갖추었던 사람이 있었습니다. 세 가지 부자의 조건을 다 갖추었을 때 부자의 길로 나아갑니다. 우리 아버지나 할아버지는 이 세 가지 조건 중에 어느 하나도 없었습니다. 세 가지 조건이란 '부의 시간'에 있어야 하고 '부의 장소'에 있어야 하며 부를 낚아채듯 잡을 수 있는 '부의 재능'이 있어야 합니다.

저부터 시작해서 아버지, 할아버지까지 '정씨 가문의 3대'는 부의 조건 중 하나가 다 놓친 겁니다. 부의 조건 중 어느 하나를 빠뜨렸기에 부자가 될 수 없었습니다. 할아버지는 1920년대생이니까, 가장 왕성하게 부의 기회를 쟁취해야 할 시간이 1950년대였습니다. 할아버지는 부의 시간에는 있었습니다. 1950년대는 어떤 시기인가요? 6·25전쟁이 끝난 후, 세상이 막 뒤바뀌는 시점입니다. 이때가 바로 부의 기회를 움켜쥘 수 있는 시간입니다. 1950년이라는 부의 시간을 살았던 분 중에 부자가 된 사람들이 많습니다. 그때 부자가 된 가장 대표적인 분은 현대그룹의 창업자이신 정주영 회장입니다. 이분은 할아버지하고 비슷한 시기에 30대의 시간을 보냈습니다.

그런데 이분들은 부자가 되었고, 할아버지는 부자가 되지 못했습니다. 1950년대에 부자의 시간에 머물렀던 사람 중에 부자 되는 사람이 있다는 것은 그때가 부의 시간이라는 것을 증명합니다.

그 부의 시간에 할아버지는 왜 부자가 못 되었을까요? 할아버지는 부자의 조건 중 두 번째가 부족했습니다. 바로 부의 장소입니다. 그때 할아버지는 부의 장소에서 벗어나 있었습니다. 1950년대 부를 만들어 낸 장소는 어디인가요? 지금도 그렇지만 그때도 부의 장소는 서울, 인천, 부산 등 주로 대도시 주변입니다. 2차 산업이 일어날 수 있는 곳이 바로 부의 장소였습니다.

부의 장소인 대도시에서 부를 만들어야 하는 중요한 시기에 우리 할아버지는 전라북도 김제의 호남평야에서 농사를 짓고 계셨습니다. 1950년대 이후 농업 등 1차 산업은 이미 기울고 있었습니다. 농촌은 부의 장소가 아닙니다. 부의 장소는 2차 산업이 일어나는 대도시였습니다. 그래서 할아버지는 농촌에서 열심히 농사짓는 일을 하셨지만 부를 이뤄 내지 못했습니다. 할아버지의 가장 큰 결핍은 바로 부의 장소에 계시지 못했기에 부의 자질을 쌓을 최소한의 기회를 가질 수 없었다는 것입니다. 부의 자질은 부의 시간과 장소에서 치열하게 부딪치면서, 돈의 축적과 돈의 면역력, 그리고 돈의 시스템을 배워야 갖출 수 있습니다.

할아버지는 부자의 자질을 갖지 못했으니, 아버지에게 부자의 자질을 넘겨주지 못했습니다. 이렇게 할아버지는 우리 집안을 부자 가문으로 만들어 내지 못했습니다.

다음으로 아버지는 1940년생이니까, 1970년 경제개발의 시기에 있었습니다. 아버지도 부의 시간에 분명히 있었습니다. 아버지는 부의 시간에 있었고, 운 좋게 1970년대에 서울로 이주하여 부의 장소에도 있었습니다. 그런데도 아버지도 부자가 되지 못했습니다.

1970년대에 서울을 중심으로 부동산 개발이 일어났습니다. 아버지가 부의 자질만 있었다면, 부동산 개발이 일어난 부의 시간과 장소에서 충분히 부를 획득할 수 있었을 겁니다. 아버지는 이렇게 부의 시간에 있었는데도 부의 자질이 없었기 때문에 부자가 되지 못했습니다. 아버지는 성실하고 좋은 분이었지만, 부자 공부를 통해서 돈 버는 방법을 몰랐습니다. 부자는 현재가 고생스럽더라도 어떻게 하든지 돈을 축적해서 종잣돈을 만들고, 가치가 불변하는 자산에 투자해서 돈을 불려 갑니다. 그 고난의 과정에서 돈에 대한 면역력을 키우고, 종잣돈과 면역력을 기반으로 돈이 돈을 버는 돈의 시스템을 구축해서 부자가 됩니다, 하지만 공무원이었던 아버지는 평범한 소시민으로 살아가는 데 급급해서 부자의 자질을 만들지 못했습니다.

이제 제 이야기입니다. 저는 1968년생입니다. 저에게 주어진 부의 시간은 2000년대 초였습니다. 2000년대 초는 아날로그에서 디지털로 전환이 이루어지는 시기였습니다. 전쟁으로 세상이 뒤바뀌고, 도시 개발로 주거 환경이 달라졌으며 원자의 세상에서 전자의 세상으로 이동하는, 바로 그런 전환의 시기가 부의 시간입니다. 저는 2000년대 초에 30대였습니다. 부의 시간에 있었습니다. 또한 부의 장소에 접근할 수 있는 서울에 있었고, 아날로그 공간에서 디지털 공간으로 확장할 수 있는 유통업에 종사했습니다. 저는 분명하게 부의 장소에도 있었습니다.

2000년대 초 저와 같은 시간과 공간 속에서 부의 시간과 장소를 선점함으로써 부자가 된 사람들이 있습니다. 그때 검색의 네이버와 무료 메신저인 카카오톡, 그리고 쿠팡을 창업한 사람들은 부의 시간과 부의 장소에서 부의 자질을 갖추어서 부자가 되었습니다. 그분들은 돈을 자본으로 뭉쳐 내고, 디지털 세상에 대한 이해력을 바탕으로 도전을 거듭하면서 돈의 면역력을 키우고, 돈의 시스템을 구축해서 부자가 될 수 있었습니다. 그러나 저는 그 당시 직장에 취직하여 근로자의 삶을 살았습니다. 근로자로서 만족하다 보니 돈의 축적과 돈의 면역력을 키우고, 돈의 시스템을 만들어 내는 데 실패했습니다. 결국 저도 부자의 위치까지는 못 가고, 근로자의 삶이 끝나는 순간에 평범한 소시민으로 내려앉았습니다.

저는 벤처 사업을 운영해서 큰 부자가 되지는 못했지만, 월급쟁이로서 최선의 삶을 살았습니다. 퇴직 이후 경제적 자립을 할 수 있는 수준의 자산을 가질 정도는 되었습니다. 그 덕분에 소득을 위한 일보다는 제가 좋아하는 작가로서 삶을 살고 있습니다. 작가가 되었기에, 부자가 되는 공부를 스스로 할 수 있었습니다.

저를 포함 우리 집안 3대는 과거에서 현재까지 오는 과정에 부의 시간과 장소, 부의 자질 중 하나를 제대로 갖추지 못해서 결국은 현재 큰 부자의 좌표에는 도달하지 못했습니다. 부자 공부는 '부의 시간과 장소, 그리고 부의 자질을 어떻게 키워야 하는가'에 대한 공부입니다. 백억, 천억 부자가 아니더라도 오십 이후에는 경제적 자립을 이루려면, 최소한 부자 공부는 필수입니다. 부자 공부 없이 무작정 성실하게 사는 것으로는 경제적 자립도 이루기 힘듭니다. 최소한 마흔에는 부자 공부를 해야 합니다.

대한민국의 큰 부자는 어떤 사람들인가

KB금융에서 매년 '대한민국 부자 보고서'를 발표합니다. 그 보고서를 통해서 우리는 대한민국 부자의 모습을 볼 수 있습니다. 내용을 확인하는 순간 물론 썩 유쾌하지 못할 겁니다. 대한민국에서 어떤 사람들이 부자로 살고 있는가, 그 현실을 알아보겠습니다. KB금융의 부자 보고서에 따르면 대한민국 상위 1퍼센트 부자는 47퍼센트가 사업 소득을 통해서 부자가 되었습니다. 그다음에 21.5퍼센트가 부동산 소득을 통해 부자가 되었습니다. 그다음은 31.5퍼센트가 상속을 통해서 부자가 되었습니다.

부자는 어떤 사람이 부자인가요? 저 데이터에 숨어 있는 진실이 있습니다. 사업 소득으로 된 부자 47퍼센트 중에서 본인이 창업한 사람은 몇 퍼센트밖에 안 될 것이고, 나머지는 아버지의 사업을 물려받은 사람일 겁니다. 역시 마찬가지로 부동산 부자 21.5퍼센트 중에서도 부모로부터 부동산을 물려받은 사람이 있을 겁니다. 여기에 상속으로 부자가 된 31.5퍼센트까지 합하면 80퍼센트 이상은 아버지로부터 상속받아서 부자가 되었습니다. 결국 부자 부모를 둔 사람이 부자가 되는 겁니다. 부자의 피를 받은 사람들이 부자입니다.

이런 데이터를 들여다보면 부자 공부가 왜 필요한가에 대한 의문을 가질 수밖에 없습니다. 아버지만 잘 만나면 되지 않느냐 그렇게 생각하실 수 있습니다. 맞습니다. 부자 아빠를 만나야 부자가 될 수 있는 확률이 높습니다. 이 현실을 부정할 수는 없습니다. 하지만 부자 아빠를 선택할 수는 없습니다. 결국 본인이 부자 아빠가 되어서 자식들은 부자 아빠를 두게 하는 방법을 찾아야 합니다.

부모로부터 상속받는 것 말고 부자가 되는 방법은 무엇일까요? 바로 부의 시간을 기다리고, 부의 장소를 찾아가고, 부의 자질을 키우는 겁니다. 부자의 조건 세 가지는 누구나 가질 수 있습니다. 상속 이외에도 부의 조건을 갖추어서 부자가 된 사람은 분명히 있습니다. 부자 공부를 통해서도 부자가 될 수 있습니다.

지금부터 부자가 되는 데 가장 필요한 조건을 갖추기 위한 기본 원칙을 얘기하겠습니다.

첫째, 부자의 길로 가는 사람들은 인생이 소비 중심이 아니라 생산 중심입니다. 가난한 사람들이 소비 중심의 삶을 살아가고, 부자는 생산 중심의 삶을 살아갑니다. 둘째, 본인의 힘 이외에 또 하나의 힘을 이용해야 합니다. 이걸 사업가의 자질이라고 합니다. 사업가의 자질은 내 힘이 아니라 남의 힘을 이용할 수 있고, 내 힘과 남의 힘을 결합해서 시스템을 만들어 내는 능력입니다. 시스템의 힘을 가지는 것이 부자의 길로 가는 사람들의 기본 자질입니다.

우리가 세계적인 부자라고 칭하는 사람 중에 이슈의 중심에 서 있는 사람이 있습니다. 바로 일론 머스크입니다. 이 사람은 대표적으로 생산 중심인 사고력을 가지고, 내 힘과 남의 힘을 끌어내서 시스템을 구축하는 능력이 탁월합니다. 일론 머스크는 어둠이 걷히거나 위협을 느낄 때마다 어린 시절 놀이터에서 괴롭힘을 당하던 악몽이 되살아났다고 합니다. 그런 그가 이제 놀이터를 소유할 수 있는 사람이 되었습니다. 태풍이 몰려올 때 강한 기운을 느끼는 그런 괴팍한 성격이었습니다. 그 성격으로 다른 사람들이 침범할 수 없는 강력한 시스템의 힘을 구축할 수 있었습니다. 그것이 그의 성공 전략이었습니다.

셋째, 자기만의 부의 지도를 크게 그릴 수 있는 능력입니다. 경제학에 있는 부의 세계 지도, 경영학에 있는 부의 전국 지도, 그리고 부의 마을 지도를 이용해서 자기만의 부의 지도를 그리는 사람만이 부자가 될 수 있습니다. 다른 사람이 그린 부의 지도가 아니라, 자기가 직접 그린 자기만의 부의 지도가 반드시 있어야 합니다. 그 지도를 놓고 보면 내가 어느 지점에 있고, 어디로 가야 하는지 정확하게 알 수가 있습니다.

지금 마흔이라면 너무 멀리 있는 큰 부자로 나아가는 방법보다 은퇴 이후에도 현실적으로 가능한 경제적 자립을 이룰 수 있는 부자 공부가 필요합니다.

그분은 커다란 실패로 빈털터리가 되었을 때조차도
여전히 자신을 부자로 여겼다.
그분은 이렇게 말하며 스스로를 격려했다.
"가난한 것과 빈털터리인 것은 차원이 다르다.
빈털터리는 일시적이지만 가난은 영원한 것이다."
가난한 아버지는 또 이렇게 말하곤 했다. "돈은 중요하지 않다."
하지만 부자 아버지는 이렇게 말했다. "돈이 곧 힘이다."

— 로버트 기요사키, 《부자 아빠 가난한 아빠》 중에서

04
미로 같은
부자의 길을 가는 방법

　현대 사회는 복잡한 미로입니다. 그 미로에서 길을 잃으면 출구가 없는 미궁 속에 갇히게 됩니다. 가난의 굴레는 더욱 깊은 수렁입니다. 너무 깊게 빠져들면 들어갈 때 풀어놓았던 실타래를 잡고서 나오면 된다고 합니다. 그 실타래가 바로 부자의 함수입니다. 이렇게 부자를 향해 갈 때 가장 중요한 실타래는 가는 실로 연결된 부자의 함수입니다. 그 함수를 풀어내면서 가난의 수렁에서 벗어날 수 있습니다.

　함수에 담긴 경제학 법칙을 이해하지 못하더라도 부자의 함수는 반드시 알아야만 부자를 향한 지점에 도달할 수 있습니다. 현재 내가 있는 지점에서 미래의 지점까지 가려면 내가 어떠한 변수들을 활용하는지가 중요합니다. 바로 이런 변수를 활용해서 만들어 낸 길을 따라가야 부자를 향해 갈 수가 있습니다.

부자라는 결괏값은 함수에서 Y값입니다. X값이 정해지면 그에 따라서 Y값이 만들어지는데, X값에는 여러 가지 변수가 있습니다. 그중 부자가 되는 데 원인 변수인 강력한 X절편값은 상속입니다. 자본주의 사회는 상속이라는 절편값이 부자가 되는 가장 큰 변수일 수밖에 없습니다. 그 절편값이 바로 부자로 가는 시작 지점입니다. 절편값에서 시작해서 시간의 순서대로 나아갑니다.

어떤 사람은 상속받아 절편값이 100억 원에서 시작하고, 어떤 사람은 상속을 통해 10억 원에서 시작하기도 하며, 억세게 운 좋은 어떤 사람은 상속으로 절편값이 1,000억 원에서 시작하기도 합니다. 결국 상속이라는 절편값이 높은 사람은 훨씬 더 빠르고 쉽게 부자의 길로 나아갈 수 있습니다.

상속이라는 변수의 절댓값은 자산이라고 생각합니다. 하지만 유전자의 역할도 중요합니다. 아들들은 아버지를 대부분 다 닮았고, 딸들은 어머니를 닮았습니다. 바로 유전자의 힘입니다. 그 유전자의 힘이 상속의 또 하나의 변수로 작용합니다. 기본적으로 자산의 상속과 유전자의 힘, 그리고 생활 습관의 힘이 부자로 나아가도록 만듭니다. 여기서 상속이나 생물학적인 유전의 힘보다 생활 습관이 더 중요합니다. 생활 습관의 힘이 무서운 건 가난한 습관이 대물림되기 때문입니다. 물론 부자의 습관도 대물림이 됩니다. 그래서 생활 습관이란 생후에 일어나는 상속의 변수입니다. 자산과 생물학적 유전보다 생후의 변수인 생활 습관의 대물림이 더욱 중요합니다.

여러분 세대에서 부자가 안 됐다면, 그래서 자녀 때라도 부자를 만들고 싶다면, 어찌할 수 없는 유산 상속과 생물학적 유전자에 기대지 마시고, 스스로 만들 수 있는 생활 습관의 힘을 상승시켜야 합니다. 좋은 생활 습관의 대물림이야말로 우리가 할 수 있는 상속입니다.

상속 다음의 변수는 소득입니다. 부자로 가는 데 소득이 가장 큰 영향을 미치는 변수 중 하나입니다. 우리는 소득이라는 변수를 정확하게 이해해야 합니다. 소득의 가장 기본적인 구조마저 이해 못한다면 부자의 길로 가지 못합니다. 소득은 근로 소득, 사업 소득, 자본 소득 세 가지입니다.

소득의 시장 구조를 정확하게 이해하기 위해서 자본주의 구조를 알아야 합니다. 우리가 흔히 하는 게임에 비유해서 다음 세 가지로 시장 구조를 설명할 수 있습니다.

첫 번째, 윈윈Win-Win 게임입니다. 전체 구조가 성장하기에 서로 화합해서 나아가면, 서로 조금 더 큰 파이를 차지할 수 있습니다. 나도 좋고 남도 좋고 경쟁보다는 협력이 중요한 시장입니다.

두 번째, 제로섬Zero-Sum 게임입니다. 남의 것을 뺏고 가져오는 시장입니다. 시장의 파이가 정해져서 남의 걸 빼앗아야 내 파이를 키울 수 있는 시장입니다. 경쟁에 몰두하는 것이 제로섬 게임의 시장입니다.

세 번째 뮤지컬 체어Musical Chairs 게임입니다. 잔인하고 무서운 시장입니다. 음악이 나오면 의자를 따라서 돌아가다가 음악이 멈추면 재빨리 의자에 앉는 게임입니다. 매번 게임을 할 때마다 의자의 숫자를 줄여 갑니다. 10개에서 9개로, 9개에서 8개로 줄여서 게임을 하면, 의자를 뺀 숫자만큼 탈락자가 나옵니다.

우리는 흔히 근로 소득을 '뮤지컬 체어 게임 시장'으로 비유합니다. 왜냐하면 시간이 지남에 따라, 나이를 먹어 갈수록 내가 앉을 수 있는 의자가 줄어 갑니다. 우리나라 평균 근로 소득을 취할 수 있는 나이는 49.3세에 내가 앉을 수 있는 의자가 절반이 빠진 상태라는 말입니다. 앉을 수 있는 의자가 빠져나가는 시장에서 의자를 차지하기 위해서 온몸이 부서지라 바둥거립니다. 그것이 근로 소득의 현실입니다.

이런 소득 시장의 구조를 정확하게 이해하는 사람들만이 돈을 벌 수가 있는 겁니다. 우리는 대부분 근로 소득으로 돈을 벌 수밖에 없습니다. 아버지가 부자이거나 아버지가 사업체를 물려주지 않는 이상은 초기에 근로자로 시작해야 합니다.

05
돈을 잘 모으려면
잘 써야 한다

상속과 소득은 나를 비추는 햇볕입니다. 햇볕이 쨍쨍 내리쬘 때 젖은 볏짚을 말리는 겁니다. 젖은 볏짚은 바로 지출과 저축입니다. 먼저 지출 관리입니다. 소득으로 돈을 벌면 지출로서 생활을 유지합니다. 우리는 소득을 기반으로 지출할 수 있어야 생존해 나갈 수 있습니다. 바로 남들이 만든 재화와 서비스를 사용해서 생활에 필요한 재료를 갖추는 겁니다. 현명한 지출 관리는 지출을 통해 소유한 그 물건의 쓸모를 잘 사용하는 겁니다. 이 소득을 통해 들어온 돈을 효율적으로 사용하지 않으면 바로 지출로 빠져나갑니다. 그래서 지출을 효율적으로 관리하는 다음 세 가지 방법을 정확하게 이해해야 합니다.

첫째, 지출에서 가장 큰 문제점이라면 '카드'입니다. 부자가 되려면 카드를 먼저 잘라 버려야 합니다. 카드라는 건 아직 나의 것이 아닌 미래의 소득을 미리 가져다 쓰는 겁니다. 카드 다음은 할부입니다. 부자가 된 사람 중에 할부를 사용하는 사람은 단 한 명도 없습니다. 현명한 부자는 "미래의 소득을 끌어다가 현재의 지출에 갖다 쓰는 것은 미래의 소득을 갉아먹는 일"이라고 말합니다. 카드와 할부를 사용하면, 미래의 소득이 점점 바닥이 나면서 갈수록 가난의 굴레에 빠지는 겁니다. 지출의 변수를 현명하게 통제하는 첫 번째 법칙은 미래 소득을 현재의 지출에 가져다 쓰는 부분들을 철저하게 막는 겁니다.

둘째, 현명한 지출 관리를 위해 푼돈부터 관리하는 것입니다. 부자는 푼돈이 푼돈으로 사라지게 하지 않습니다. 돼지 저금통에 한 푼 한 푼 모아 놓을 수 있는 사람, 그 푼돈의 가치를 아는 사람만이 부자가 됩니다. 푼돈이라는 작은 티끌 같은 돈을 한 푼 한 푼 모아 본 경험이 있는 사람들이, 퇴사 이후에 부자가 될 수 있는 마음을 가진 사람입니다.

셋째, 내 안의 충동을 통제하는 겁니다. 욕망이나 과시에 휩쓸리는 사람 중에 부자가 된 사람을 못 봤습니다. 충동으로 생긴 소비 욕망을 통제할 수 있는 마음이 있어야 부자가 될 수 있습니다. 충동 소비에 빠지지 않으려면, 자신이 소유한 물건들의 정리부터 시작해야 합니다. 소유한 물건의 정리 정돈 없이는 어떤 물건을 가졌고, 그 쓸모가 무엇인지 파악하기 어렵습니다. 물건의 쓸모를 정확하게 인지하지 못하고 있는 사람들은 충동 소비에 쉽게 빠집니다. 충동 소비를 통제하지 못하면 절대 부자가 될 수 없습니다.

지출을 잘하는 법을 정확하게 이해하는 사람들이 재화와 서비스를 생산하는 안목도 가질 수 있습니다. 생산자의 관점에서 자기가 사용하는 물건의 쓸모를 정확하게 인지할 수 있는 사람만이, 생산자의 관점에서 물건을 만드는 능력을 갖출 수 있기 때문입니다. 재화와 서비스 가치는 쓸모를 인지하는 사람들의 머릿속에서 나온 아이디어로 창조됩니다. 그래서 지출을 잘하는 사람들이 생산도 잘할 수 있습니다.

우직한 저축이 최고 돈 지킴이다

들어온 돈은 최대한 오랫동안 지켜야 합니다. 돈을 지키는 최고 지킴이는 저축입니다. 저축은 그냥 돈을 쌓는 겁니다. 즉, 소득으로 번 돈을 가지고 재화와 서비스를 사는 지출을 하고 그 외에 남아 있는 돈을 쌓는 것을 저축이라고 합니다.

우리는 이 저축을 소득이라고 여겨야 하지만, 대부분 저축의 이점을 놓치고 있습니다. 저축으로 쌓인 돈이 진정한 수익이고 방어막입니다. 돈이 들어오는 소득에서 돈을 지출하고 남은 돈이 진정한 나의 돈입니다. 절대로 소득은 내 돈이 아닙니다. 소득에서 지출을 뺀 나머지가 나의 돈입니다. 나의 돈은 최소한 10년은 지켜야 합니다. 그러려면 내 돈의 흐름을 정확하게 인식해야 합니다. 내 돈은 소득을 통해 들어오고, 지출 후 남은 돈을 저축으로 쌓아야 합니다. 내 돈을 계속 쌓는 것이 저축이기 때문에, 저축으로 내 돈을 지키는 변수가 중요한 요소입니다.

월급쟁이는 현명하게 지출하고 내 주머니로 들어온 돈은 저축으로 쌓아야 합니다. 복리 이자를 벌기 위한 것이 아니라 원금을 쌓아서 지키는 수단이기 때문입니다. 이 원금을 오랜 시간 두고 쌓으면, 축적을 통해 거대한 힘을 발휘합니다. 월급쟁이 부자는 고정 소득으로 들어온 돈을 저축해서 쌓아 가는 맛을 압니다. 그렇게 매월 고정적으로 저축을 통해 쌓인 목돈의 힘이 결국에 월급쟁이를 부자로 만들어 줍니다.

대부분 월급쟁이는 지출이나, 저축 관리를 소홀하게 대하는 경향이 있습니다. 그래선 부자가 될 수 없습니다. 소득은 돈이 가진 힘의 크기에 영향을 미치고, 지출은 돈의 분산을 막아 주며, 저축은 돈이 가진 힘의 집중도를 높이는 역할을 합니다. 돈의 관점에서 소득과 지출의 상관관계를 이해하고, 저축으로 내 돈을 단단하게 묶을 줄 알아야 부자로 나아갈 수 있습니다.

저축은 돈의 축적으로 나아가는 첫걸음입니다. 축적된 목돈은 투자 위험성을 줄이는 역할을 합니다. 결국 저축으로 시작된 돈의 계단을 차근차근 밟고 올라가는 사람들만이 경제적 위험을 줄여 나가면서 안정된 노후 준비를 할 수 있습니다.

06
부자가 되는
대출의 비밀

남의 돈을 빌려 쓰는 것이 대출입니다. 대출을 할 때는 신중하고 또 신중해야 합니다. 남의 돈에는 무서운 독성이 있기 때문입니다. 하지만 현대 자본주의 사회는 내 돈만 가지고는 경제 활동을 할 수가 없습니다. 어쩔 수 없이 남의 돈을 빌리는 대출을 받아야 합니다. 단, 남의 돈을 빌릴 때는 반드시 원칙을 따라야 합니다. 대출에는 빛과 그림자가 명확합니다. 대출의 원칙을 지켜 대출의 힘이 독이 아니라 빛을 발하게 만들 수 있습니다.

투자는 목돈으로 해야 합니다. 돈의 크기가 클수록 위험을 줄일 수 있고, 성공률을 높이기 때문입니다. 그래서 투자를 하려면 남의 돈을 빌려 올 수 있는 능력이 있어야 합니다. 이 사회는 냉정합니다. 남에게 돈을 빌릴 때는 담보 또는 신용이 없으면 절대로 빌릴 수 없습니다. 직장생활을 하는 동안 자산을 벌어서 담보물을 가지든지, 아니면 신용도 높은 직장에서 승진해 몸값을 높이는 겁니다. 그래야만 남의 돈을 빌리거나 투자받을 수 있습니다. 이것이 대출의 조건입니다.

우리가 담보와 신용으로 대출받을 능력을 갖추기도 어렵지만, 대출 능력을 어떤 상황에서 사용해야 하는지 판단하는 것도 쉽지 않습니다. 우리가 너무 쉽게 생각하는 대출은 고도의 금융 감각을 요구하는 영역입니다.

대출받고자 하는 월급쟁이는 다음 네 가지 필수 조건을 반드시 지켜야 합니다. 대출은 빛과 어둠을 동시에 가진 돈이기 때문에 원칙을 지켜서 대출을 활용해야 합니다.

첫째, 지출을 위한 대출을 해선 안 됩니다. 대출받아서 자동차를 사려고 한다면, 그 사람은 절대로 부자가 될 수 없습니다. 어떻게 재화와 서비스 소비를 위해 대출을 받을 수 있습니까? 지출을 위해서 대출하는 사람은 가난뱅이가 됩니다.

예를 들어 보겠습니다. 어떤 월급쟁이가 연봉은 5,000만 원인데, 1억짜리 벤츠를 할부로 결제한 후 몰고 다닌다고 합시다. 그월급쟁이는 부자의 자질이 없습니다. 대출의 첫 번째 조건은 오직 투자를 위한 대출입니다. 대출을 받아 자기 생활비로 쓰겠다는 지출도 안 됩니다. 현재 내 돈으로만 지출하는 것이 현명합니다. 없으면 없는 대로 살아가는 겁니다. 미래 소득을 끌어다가 지출하는 바로 그 순간부터 가난뱅이가 됩니다. 대출은 투자에만 해라, 이것이 첫 번째 원칙입니다.

둘째, 불변 자산에만 투자하는 겁니다. 대출한 남의 돈은 시간이 지날수록 절대 불변하고 가치가 상승하는 자산에만 투자하는 겁니다. 2024년 하반기엔 비트코인이 폭등해서 비트코인으로 떼돈 번 사람이 있습니다. 이럴 때 대출받아서 비트코인을 투자하면 돈이 대박일 테니, 투자하고 싶은 유혹을 느낄 수 있습니다. 절대로 하지 마세요. 이건 투자가 아니라 도박입니다. 왜냐하면 대출받은 돈은 내 돈이 아니고 남의 돈이기 때문입니다. 그 돈에는 독성이 있는데, 여기에 비트코인처럼 변동성이 강한 자산에 투자하면, 독성이 폭발적으로 증폭됩니다. 가난의 낭떠러지로 뛰어내리는 길입니다. 확률 게임에 의존해서 대출로 투자하는 것은 눈 감고서 절벽 아래로 뛰어내리는 것과 똑같습니다. 투자할 때는 불변의 가치에 투자해야 합니다. 불변의 가치는 시간이 지나면 지날수록 자산 가치가 상승하는 투자처입니다. 현재까지 인류 역사에서 불변의 가치는 두 가지입니다. 하나는 땅이고 다른 하나는 금입니다. 땅이나 금과 같이 불변의 가치가 무엇인지 인지하지 못하는 사람은 대출로 투자하지 마세요.

셋째, 저금리일 때만 대출로 투자하는 겁니다. 돈의 값이 내려갈 때 대출받으세요. 돈의 값이 내려가는 시점은 부의 세계 지도를 보면 알 수가 있습니다. 경제학을 이해하면 부의 세계 지도를 볼 수가 있습니다. 경제학을 공부해서 돈의 흐름이 어떤지 그 사이클을 볼 줄 알아야 합니다. 돈의 값은 유동적입니다. 경제 순환 구조에 따라서 올라갔다 내려갔다 합니다. 2024년 하반기에 올랐던 돈의 값이 조금씩 내려가고 있습니다. 저금리로 내려갈 때 대출을 이용하는 겁니다. 왜냐하면 저금리일 때 대출 이자도 내리기 때문입니다.

넷째, 고정 소득이 있을 때 대출해서 투자하는 겁니다. 즉, 대출의 시기는 본인의 소득 주기에 맞추어야 합니다. 내가 안정적인 소득을 가지고 있는지 여부도 중요하기 때문입니다. 자기가 소득을 가지고 있을 때만 투자를 위한 대출을 하는 겁니다. 그래서 퇴직을 앞둔 분들에게 당부합니다. 퇴직 전에 대출을 다 갚아야 합니다. 돈의 값은 내려가도 다시 올라갑니다. 돈의 값이 상승하면 소득이 없어도 작은 빚은 견딜 수 있지만, 여기에 고금리로 상승하면 대출 이자를 감당할 수 없는 상황이 벌어지기 때문입니다. 최악의 순간을 대비하려면 퇴직 전에 대출을 갚아야 합니다. 자기의 소득 조건에 따라서 대출받아 투자하는 겁니다.

성공적인 투자는 행운이 따른 결과다

우리가 행운을 통제할 수 있나요? 행운을 통제할 수 없다면 우리는 투자해선 안 됩니다. 행운을 통제할 수 없는 투자는 도박에 불과합니다. 그래도 돈으로 돈을 불리는 이 투자의 도움 없이는 부자를 향해 나아갈 수 없습니다.

투자에는 행운과 위험이 같이 존재합니다. 그래서 위험은 줄이고, 행운을 늘려 보자는 목표로 종잣돈과 대출한 남의 돈을 보태서 돈의 크기를 키워 투자합니다. 그 목돈 투자는 불변의 가치에만 해야 하는 겁니다. 그래서 투자자들이 투자할 때 가장 좋아하는 시점은 그 가치가 떨어졌을 때라고 합니다. 예를 들어서 주식 시장이 패닉 상태로 주식 가치가 다 떨어졌다고 가정하겠습니다. S전자가 4만 원까지 떨어졌다고 해도 미래 가치가 상승할 주식이므로 그 주식을 살 겁니다. 10년 후 S전자의 가치가 상승할 때까지 보유하겠다는 마음으로 사는 겁니다. 이것이 투자입니다. 절대로 불변하지 않는 가치의 자산을 사서 소유하고 있는 겁니다.

제 주변에 투자 고수라고 불리는 어떤 분은 서울시의 아파트만 삽니다. 그분은 서울 시내에 아파트 가치는 시간이 지날수록 상승할 거로 확신합니다. 월급쟁이 시기에 대출받아 부동산 투자를 하고, 월급으로 그 빚을 감당하면서 견딜 수 있었으며, 그로 인해서 부동산 자산 부자가 되었습니다. 미래의 자산 가치가 상승할 거라는 확신으로 투자를 한 겁니다.

다음은 주식 투자자 사례입니다. 고수의 주식 투자자는 가치 투자를 하는 사람입니다. 그들은 주식은 사는 것이지 파는 것이 아니라고 말합니다. 그래서 고수들은 폭락했을 때라도 견디며 그 가치가 상승할 때까지 소유하는 겁니다.

결국 불변하는 자산 가치를 많이 가지고 있는 사람이 부자입니다. 불변의 가치가 무엇이고, 불변의 가치가 얼마나 상승할 것인지 정확하게 이해하는 사람들이 부자가 된다는 것입니다. 투자라는 변수를 잘 활용해서 부자의 길을 걷는 사람들이 부자의 반열에 오를 수 있었습니다.

마지막으로 여기서 중요한 건 '내게 들어온 소득을 얼마 동안 머무르게 할 것인가'에 달려 있습니다. 바로 지출과 저축으로 움켜쥐는 힘의 크기가 중요합니다. 내 주머니에 들어온 돈을 오랫동안 머무르게 할 수 있는 사람이 부자가 됩니다. 돈을 정기적으로 모아서 저축으로 쌓다 보면 시간에 의해서 일정 금액의 돈이 모일 겁니다. 그것이 종잣돈입니다.

3장

진짜 투자는 자기계발이다

투자 대상으로 효과가 있는 대상은 '자기 자신'입니다. 진짜 투자는 '자기계발'입니다. 자기 자신에게 돈과 시간, 그리고 정성을 쏟는 투자를 해야 합니다. 글쓰기는 자기계발을 위한 최고의 투자 수단입니다. 특히 메타인지 능력을 키우는 데는 글쓰기가 가장 유용한 도구입니다. 마흔에는 글쓰기를 통해서 자기계발을 해야 하는 이유입니다.

01
최고의 자기계발 도구,
글쓰기

　우리가 퇴직 이전에 준비해야 할 것들이 많이 있습니다. 흔히 퇴직 준비를 위해 노후 자금 마련이 중요하다고 생각합니다. 물론 경제적 자립을 위해 돈을 준비해야 합니다. 하지만 돈 못지않게 중요한 부분이 있습니다. 바로 자기계발입니다. 자기계발은 본인만의 내재적 장점을 발현하는 방법입니다. 직장생활을 할 때나 퇴직 이후에도 자기계발의 최고 수단은 글쓰기입니다.

　과거에는 글을 모르면 문맹이었습니다. 현대 사회에선 글을 읽지 못하는 것이 문맹이 아니라 글을 쓰지 못하는 것이 문맹입니다. 글이 넘쳐나는 세상입니다. 심지어 인공지능까지 글을 생산하고 있습니다. 이렇게 글을 읽는 능력은 과거에 말하기처럼 당연한 능력이 되다 보니 차별화된 능력은 글쓰기입니다.

세상에는 시간을 견디면서 그 가치를 유지하는 것들이 많지 않습니다. 절대 변하지 않는 가치를 꼽으라면 '나' 자신입니다. 자기계발은 불변하는 가치에 투자하는 것입니다. 땅과 금 같은 불변 자산에 투자하는 것 못지않게 자기계발에 투자하는 것도 중요합니다. 마흔은 자기계발에 적극적으로 투자해야 하는 시기입니다. 자기계발을 통해서 자기 경력을 개발하는 것도 돈 버는 것 못지않게 중요한 요소로 작동합니다. 퇴직 이후에는 자기만의 경력을 얼마나 개발했는가에 따라 그 사람의 능력을 평가하기 때문입니다. 우리는 퇴직 이전에 경력 개발에 많은 힘을 쏟아야 합니다.

당신이 쓴 글이 당신을 위대하게 만든다

그렇다면 경력을 개발하기 위해서 해야 할 일들이 무엇일까요? 우리가 마흔에 어떤 준비를 했을 때 퇴직 이후에도 경력을 활용할 수 있는지 알아야 합니다. 쓸모 있는 경력과 쓸모없는 경력이 분명히 있습니다.

쓸모 있는 경력을 개발하는 방법을 얘기해 드리겠습니다. "매일 당신이 쓴 글이 당신을 위대하게 만든다." 이 한 문장으로 경력 개발을 위한 글쓰기를 해야 하는 이유를 피력하고자 합니다. 퇴직 이전에 글쓰기를 해야만 당신이 가진 경력의 쓸모가 개발되고, 당신이 주체적으로 살아갈 능력도 개발될 수 있습니다.

자기계발을 위한 글쓰기를 해야 하는 이유는 분명합니다. 그렇다면 글쓰기를 어떻게 해야 할까요? 지금 직장생활을 하면서 글쓰기를 해야 하는 이유와 글쓰기 방법을 알고 그대로 실천하는 분들은 자기도 모르는 사이에 경력이 개발되고 있는 겁니다.

글쓰기의 목표는 글의 맛이 있고, 말의 맛이 있고, 책의 맛이 있는 글을 만드는 것입니다. 말맛, 글맛, 책 맛을 담아내는 글쓰기 전략을 세워야 합니다. 보통 글쓰기 방법은 요리의 레시피 같은 역할을 합니다. 자기만의 글쓰기 레시피를 가지고 있으면, 그것을 통해서 자신이 가진 글쓰기의 능력을 극대화할 수 있습니다. 그 과정에서 자기 안에 있는 능력을 개발하게 됩니다.

'글쓰기를 왜 하려고 하는가?' 한 번만 깊게 생각해 보면, 그 이유가 명확해집니다. 글쓰기를 통해 범인에서 위인으로 나아가고 싶다는 열망이 글쓰기를 갈고 닦아 주는 역할을 합니다. 글쓰기는 평범함 속에 있는 위대함을 끄집어낼 수 있습니다.

글쓰기가 어떻게 위대한 사람을 만드는가

역사적으로 글쓰기가 어떻게 평범한 사람을 위대한 사람으로 만들었는지 살펴보겠습니다.

첫 번째, 율리우스 카이사르입니다. 그는 고대 로마의 정치인이자 군인이었으며, 후기에는 로마 창업 군주, 즉 황제까지 올라갔던 인물입니다. 그가 위대한 업적을 쌓을 수 있었던 것은 글쓰기 덕분이었습니다.

카이사르는 많은 책을 썼습니다. 암살 이후에 대부분 소각되어서 지금까지 남아 있는 책이 많지 않다고 합니다. 그의 유작 중 《갈리아전기》와 《내전기》는 매우 높은 문학적 평가를 받는 전쟁 서술기입니다. 카이사르는 전쟁을 치르면서도 글쓰기를 통해서 자기 안에 내재한 힘들을 끌어내기 위한 노력을 했습니다. 그의 담백한 문체는 일반적으로 라틴어 초급에서 배우는 '주어+목적어+동사'의 간결한 문구가 되는 역할을 했습니다. 그는 로마의 역사에서 위대한 문인으로 추앙받고 있습니다.

카이사르는 귀족 가문에서 태어나긴 했지만, 사실은 평민이나 거의 다름없었습니다. 그랬던 카이사르가 성장할 수 있었던 기반은 엄청난 독서량입니다. 독서를 토대로 삶의 지혜를 쌓고, 그 지혜를 끌어내어 체계적인 개념을 정리하는 글을 썼기 때문에 그의 위대함을 발현할 수 있었습니다.

두 번째, 윈스턴 처칠입니다. 영국 역사상 가장 위대한 수상을 꼽으라고 하면 윈스턴 처칠일 겁니다. 제2차 세계대전의 폭풍 한 가운데에서 침몰하는 영국을 구했기 때문입니다. 그가 있었기에 패전을 승전으로 이끌 수 있었습니다. 재미있는 것은 윈스턴 처칠은 노벨문학상 수상 작가이기도 합니다. 정치인이기도 하지만 작가이기도 합니다. 그는 글쓰기를 통해서 자기의 말과 글을 다듬을 수 있었기에 위대한 수상이 될 수 있었습니다.

그는 유럽의 역사가 소용돌이치던 시기인 1874년부터 1965년까지 살았습니다. 그는 제2차 세계대전 때 총리가 되어 연합군을 승리로 이끌었던 전쟁 영웅이었습니다. 만약에 그가 그때 수상이 아니었다면, 제2차 세계대전의 결과가 어떻게 되었을지 아무도 모릅니다. 그만큼 수상으로서 위대한 역할을 할 수 있게 만들어 준 가장 큰 힘이 글쓰기입니다.

세 번째, 이순신 장군입니다. 이순신 장군은 세계적으로 가장 위대한 해군 장군이라는 프레임에 갇혀서 임진왜란 이전의 모습은 조명되지 않았습니다. 이순신 장군은 서른세 살 이전에는 어찌 보면 평범한 사람이었습니다. 이순신 장군은 서른세 살에 문과도 아니고, 무과에 장원 급제도 아닌 겨우 4등으로 어렵게 입관했던 사람입니다. 그러면 어떻게 임진왜란 중에 위대함을 발휘할 수 있었을까요? 이순신 장군도 글쓰기를 했던 분입니다.

《난중일기》는 1592년부터 1598년까지 전쟁 중에 썼던 일기를 기록해 놓은 겁니다. 전쟁 중에도 일기를 쓸 정도면 평상시에는 얼마나 많은 글쓰기를 했을지 짐작할 수 있습니다. 이순신 장군은 글쓰기를 통해서 평범한 사람이 어떻게 위대한 사람으로 탈바꿈할 수 있는지 보여 주었습니다.

이런 역사 속 인물 이외에도 평범함을 위대함으로 만든 사람을 소개하겠습니다. 첫 번째, 저는 유시민 작가를 꼽습니다. 그는 정치가이고 시민운동가이기 전에 글쓰기를 열심히 해 왔던 작가였습니다. 정치인보다 작가로서 살아가는 지금 그의 모습이 더 멋있어 보입니다. 글쓰기를 통해서 위대한 사람이 되어 간다는 걸 보여 주는 대표적인 사례입니다.

다음은 유홍준 교수입니다. 그는 《나의 문화유산 답사기》를 쓴 작가로서 빛을 발하고 있습니다. 평범한 역사학자에서 위대한 역사학자로 거듭나는 데, 글쓰기가 큰 역할을 했습니다. 지금 우리 시대에 역사와 문화를 이끌어 갈 수 있는 위대한 학자로서 자리매김할 수 있었습니다.

저 역시 굉장히 평범한 직장인으로서 끝날 수 있는 사람이었지만 글쓰기를 했기 때문에 조금은 비범한 사람으로 바뀔 수 있었다고 생각합니다. 《아들아, 돈 공부해야 한다》라는 책을 통해서 평범한 삶을 바꾸는 경험을 할 수 있었습니다.

저변을 넓히는 직무 관련 글쓰기

저보다 앞서서 책을 출간한 동료가 있습니다. 아직도 이커머스 기업의 임원을 하고 있는 S상무입니다. 그의 현명한 점은 직장생활을 하면서 《무경계 인간 호모 옴니쿠스》라는 책을 출간했다는 겁니다. 온라인 부문의 업무를 하면서 온라인 사업에 대한 글쓰기를 계속 병행했습니다. 그는 롯데그룹 최초의 여성 임원, 그리고 롯데마트의 온라인 사업 총괄 임원 및 그룹 옴니채널 TF의 마트 팀장으로서 다양한 '옴니채널' 경력을 쌓았습니다.

지금은 L사의 해외 이커머스 그룹장을 하고 있습니다. 또한 그는 직장생활을 하면서 연세대학교 MBA 및 건국대학교 마케팅 박사학위를 취득하였고, 생활밀착형 이커머스, 옴니채널, 신유통 분야의 전문가인 동시에 기업의 조직을 이끄는 실무자로서 쌓은 소중한 경험을 책에 담아냈습니다. 그는 아직도 글쓰기를 통해서 퇴직당하지 않고 젊은 사람들이 차지하고 있는 온라인 사업 부문에서 굳건히 리더로서 장수하고 있는 것입니다.

02
삶의 격을 바꾸는
글쓰기

　말과 글을 통해 우리는 학습하도록 진화해 왔습니다. 사람들은 글쓰기가 어렵다고 생각합니다. 하지만 어린아이가 말을 배우는 것처럼, 놀이하듯이 글쓰기를 하면서 자기계발을 해야 합니다. 과거에는 글을 읽는 능력으로 문맹인과 문명인을 나누었습니다. 하지만 미래에는 글쓰기를 하는 사람과 글쓰기를 하지 않는 사람으로 문맹인과 문명인이 나누어질 겁니다. 문명인으로 살고자 한다면 글쓰기를 해야 합니다.

　삶의 격을 바꾸는 글쓰기 방법에 대해 궁금해하는 분들이 많습니다. 그렇다면 그 글쓰기를 어떻게 해야 할까요? 저는 글쓰기 방법을 질문하는 사람에게 아주 간단한 비법을 알려줍니다. 글쓰기의 비법은 딱 세 가지입니다.

첫 번째, 무조건 짧게 써야 합니다. 왜냐하면 짧게 써야만 독자가 읽습니다. 글을 쓴다는 건 누군가 읽게 만들기 위함입니다. 짧게 쓰는 것이 쉽지 않습니다. 생각이 명확하게 정리되어야 짧게 쓸 수 있기 때문입니다.

두 번째, 생각이 명확한 글쓰기를 해야 합니다. 무엇을 전달하고자 하는지 명확하지 못한 글들은 중언부언하고, 갈팡질팡합니다. 그 글을 읽는 사람이 확실하게 이해할 수 있도록, 글을 써야 합니다. 그런데 명확하게 쓰는 것이 쉽지 않습니다. 왜냐하면 글을 쓰는 자신의 의도에만 치중하다 보면 독자가 어떻게 받아들일지 살피지 못하기 때문입니다.

세 번째, 그림같이 써야 합니다. 글은 문자라는 언어적 기호로 구성됩니다. 글쓰기의 문법 구조를 맞추다가 의미 전달 중심이 되어 감정의 소통이 부족한 글이 되기에 십상입니다. 그래서 글을 말하거나 묘사하듯이 쓰는 것이 바로 그림같이 쓰는 겁니다. 우리의 감각 기관 중에서 시각이 가장 예민하기 때문에 좋은 말과 글은 시각을 통해서 이해할 수 있습니다. 그림같이 글쓰기를 해야만 그 글이 독자의 마음에 담길 수 있는 겁니다.

어떤 마음으로 글을 써야 하는가

어떻게 글을 쓸 것인지 고민하기 전에 살펴야 할 것이 있습니다. 글을 쓰는 사람의 기본 자세입니다. 글을 쓰는 사람들은 먼저 자기 마음을 들여다보아야 합니다. 글이란 기본적인 조건들이 갖추어졌을 때 좋은 글이 됩니다.

첫 번째, 좋은 작가가 되는 것보다 먼저 좋은 사람이 되어야 합니다. 이게 가장 기본입니다.

두 번째, 전문가가 책을 쓰는 것이 아니라 책을 써야 전문가가 된다는 생각으로 글쓰기를 하는 겁니다. 책을 출간하기 위한 글쓰기 과정에서 전문가로 거듭날 수 있는 내적 실력을 키울 수 있습니다. 책을 출간하겠다는 마음으로 글쓰기를 하다 보면, 그 과정에서 내 안에 있는 전문성이 발현되고 전문가로 전환될 수가 있습니다. 책을 써야 전문가가 된다는 생각으로, 나는 무조건 글쓰기를 하겠다는 각오가 먼저 있어야 합니다.

세 번째, 글쓰기의 기술자가 아니라 예술가가 되겠다는 생각을 가져야 합니다. 글쓰기를 통해서 말과 글이 가지고 있는 그 순수한 아름다움을 체득하는 겁니다. 글쓰기는 기술자가 아니라 글로 사물의 아름다움을 담아내는 예술가로 나아가는 과정입니다.

좋은 사람이 되고자 글쓰기를 하는 사람, 한 분야에 전문가가 되고자 글쓰기를 하는 사람, 글로서 예술가가 되고자 글쓰기를 하는 사람은 삶의 질을 높여 갑니다.

03
글쓰기를 잘하는 방법은 따로 있다

글은 삶을 그대로 담아내야 합니다. 글쓰기는 필자의 삶과 생각을 더도 덜도 없이 완전히 담는 것입니다. 그래서 글쓰기 과정은 내 삶과 글 사이의 치열한 싸움입니다. 글을 쓰려면, 삶의 방향이 명확하고, 생각도 잘 정리되어야 합니다.

글의 내용들을 제대로 담아내려면 어떻게 해야 할까요? 우선 글의 내용에는 세 가지 원칙이 있어야 합니다.

첫 번째, 선명한 글의 주제입니다. 모처럼 깨끗하게 청소한 후 LED 등이 환하게 켜진 수족관을 생각해 보세요. 열대어 색깔부터 나불거리는 수초 하나하나가 깨끗하고 영롱하게 보일 겁니다. 글의 주제도 청소한 수족관처럼, 안에 있는 모든 것이 다 선명하게 보이도록 써야 합니다. 선명한 글의 주제는 어떤 게 있을까요? 먼저 필자의 삶과 생각이 잘 정리 정돈된 주제입니다.

두 번째, 글의 방향입니다. 글이 향해야 할 방향은 독자의 가슴입니다. 글은 독자의 가슴을 향해서 화살처럼 정확하게 날아가야합니다. 화살은 목표를 향해서 시위를 당겼다가 놓는 순간, 빠르게 날아갑니다. 독자의 가슴에 한 치의 오차도 없이 정확하게 날아갈 수 있도록 글을 써야 합니다. 독자의 가슴이 어디에 있는지어떻게 알 수 있을까요? 독자의 가슴으로 인도하는 내비게이션은 필자의 마음에 있습니다. 결국 글쓰기는 자신의 마음을 살피는 일입니다. 정확한 방향이 정해지면 바로 독자의 가슴으로 날아갈 수 있도록 쓰는 겁니다.

세 번째, 첫 문장과 끝 문장입니다. 첫 문장은 강렬하게 끝 문장은 인상 깊게, 이게 첫 문장과 끝 문장에 담아야 할 원칙들입니다. 왜 첫 문장이 강렬해야 할까요? 첫 문장을 읽는 순간, 강렬한 마음이 솟아나야 다음 페이지를 넘기고 싶기 때문입니다. 그리고 끝 문장은 인상 깊게 여운을 남길 수 있게 써야 합니다. 책을 덮고도 오랫동안 기억에 남을 수 있도록 마지막 문장을 담아야 합니다.

문장은 글의 살입니다. 글의 주제라는 뼈대에 문장으로 살을 붙입니다. 문장을 어떻게 쓸 것인가에 대한 일곱 가지 방법론이 중요합니다.

첫째, 문장 방식입니다. 문장은 지식을 설명하기보다는 경험을 묘사하는 방향으로 써야 합니다. 그래야 아름다운 문장이 나옵니다.

둘째, 문장 어순입니다. 주어와 서술어는 반드시 일치시켜야 합니다. 우리나라 말의 어순은 주어 다음에 목적어가 올 수 있습니다. 그러나 어순의 자리는 정해진 구조가 아니라서 말의 어순의 경우 보통 주어는 생략하고, 목적어와 서술어를 사용해서 말을 합니다. 주어가 없는 말들이 일상적으로 쓰이고 있기 때문입니다. 결국 우리의 문장 어순에는 말의 나쁜 습성이 담겨 있습니다. 흔하게 어순이 뒤틀린 문장이 있습니다. 예를 들어, 주어와 서술어가 일치하지 않는 문장, 또는 주어가 없는 불완전한 문장입니다. 주어와 서술어가 일치하게 문장을 쓸 때 그 문장은 아름다운 문장이 됩니다.

셋째, 의미 전달입니다. 문장은 일문일의의 원칙을 지켜야 합니다. 일문일의란 한 문장에 하나의 의미만 담는 원칙입니다. 그런데 말과 글에 자꾸 욕심이 생겨서, 한 문장에 몇 가지 의미들을 담고 싶어집니다. 여기서 문장이 길어지고, 의미가 분산되며 글이 샛길로 빠지게 됩니다. 그러면 글의 방향을 놓친 채 이리저리 헤매게 되니 한 문장에는 꼭 하나의 의미만 담아야 합니다.

넷째, 문장의 길이입니다. 문장의 길이는 되도록 짧은 단문으로 써야 합니다. 단문으로 쓰려고 노력하더라도, 욕심을 내다가 문장이 길어지는 경향이 있습니다. 첫 단어를 쓰는 순간 단문으로 쓰겠다는 강박감을 가져야 합니다.

다섯째, 글의 문체입니다. 글의 문체는 글의 얼굴로 자기만의 스타일입니다. 즉, 자기만의 문체를 만들어야 합니다. 예를 들어, 제 문체는 아들에게 편지 쓰듯이 쓰는 서간체입니다. 사랑하는 아들에게 편지를 쓰는 마음으로 글을 쓰다 보니, 나만의 서간 문체를 만들었습니다. 요즘에는 강연하듯이 글을 써서, 강연 문체를 쓰고 있습니다. 강연하듯이 글쓰기를 하다 보니, 나도 모르게 나만의 글쓰기로 문체가 만들어진 겁니다. 이것 또한 글쓰기 노하우 중 하나입니다. 어떤 방식이든지 자기만의 문체를 만들어야 가장 나답게 아름다움을 담아낼 수 있습니다.

여섯째, 글의 소재입니다. 글의 소재는 풍부해야 합니다. 매장량이 풍부한 자기만의 '글의 광맥' 하나가 있어야 합니다. 글의 광맥이란 글의 광산에 풍성한 글감이 널려 있는 대상을 말합니다. 매장량이 풍부한 글의 광산이 있어야, 글을 쓰다가 막혔을 때 글의 광산에서 글의 소재를 찾아서 쓸 수 있습니다. 저에게 글의 광맥은 아내입니다. 저는 글쓰기가 막히면 아내를 붙들고서 이 얘기 저 얘기합니다. 아내에게 내 얘기를 어떻게 생각하는지 질문하면, 아내가 한마디를 던져 주는데, 그 한마디에서 다시 글쓰기의 소재를 발견할 수 있습니다. 《아들아 부동산 공부해야 한다》라는 책을 쓸 때 부동산 재테크 노하우를 아내의 실제 경험에서 끄집어 내어 만들 수 있었습니다. 저는 아내한테 말할 때는 "당신은 나의 뮤즈요. 나를 무한한 창조로 이끌어 주는 광맥이다"라고 표현합니다. 누구나 글을 쓰고자 한다면, 언제든지 파고들면 글이 나올 수 있는 글의 광산을 가지고 있어야 합니다.

일곱째, 문장의 가독성입니다. 글은 무조건 쉽게 써야 합니다. 글에 어려운 내용을 담고, 어려운 단어를 쓰려고 할 필요가 없습니다. 그런 글이 오히려 더 투박하고 잘 읽히지 않습니다. 글의 내용은 가독성이 높도록 쉽게 써야 합니다.

글이란 무엇인지 그 의미를 이해하면 글쓰기가 쉬워집니다. 두려움을 버리고 글쓰기를 하다 보면, 어느 순간 자기 분야에서 한 뼘 이상 자란 자신을 발견할 겁니다. 글쓰기가 가진 그 자체의 규칙을 이해하고 나아가는 것이 중요합니다. 글로 자신을 담아내길 바랍니다.

04
글쓰기 레시피에
필요한 것들

글쓰기는 삶의 희로애락을 백배 정도 극대화하는 작업입니다. 우리가 경험하는 생활을 팽팽하게 조이고 당기는 과정입니다. 당연히 고통스럽습니다. 그래서 자기만의 법칙을 가져야 합니다. 글쓰기에 자기만의 방법을 가져야 계속할 수 있습니다. 글의 내용을 담고 문장을 쓰는 방법, 여기에 자기만의 글쓰기 레시피가 있어야 합니다.

글쓰기도 요리하듯이 글쓰기의 레시피를 따라서 하면 됩니다. 자기만의 글쓰기 레시피를 마련하기 위해선 그것에 담길 여러 가지 항목들이 필요합니다. 그 항목들을 제대로 가지고 있을 때, 책으로 출간할 수 있는 자기만의 글쓰기 레시피가 됩니다.

지금부터 자기만의 글쓰기 레시피를 만들기 위한 항목들을 얘기하겠습니다.

첫째, 눈으로 읽는 독서입니다. 독서는 눈으로 쓰는 행위입니다. 먼저 글을 눈으로 써야 합니다. 글쓰기를 위한 독서가 따로 있습니다. 책의 얼굴이라 할 수 있는 표지 글과 책 속의 좋은 문장은 밑줄을 쫙 그어 가면서 눈으로 글을 읽는 겁니다. 그렇게 하면 글쓰기의 효과를 만들어 낼 수 있습니다. 나만의 글쓰기 레시피를 만들기 위해서는 눈으로 글을 쓰는 독서를 많이 해야 합니다.

둘째, 입으로 쓰는 낭독입니다. 입으로 책을 읽으면, 눈이 느끼지 못한 새로운 글쓰기 방법을 느낄 수가 있습니다. 아침에 글쓰기가 되지 않을 때면, 독서라는 눈으로 쓰는 연습과 낭독이라는 입으로 쓰는 연습을 합니다. 그러면 다시 글쓰기를 할 수 있습니다. 아침에 자주 읽는 글이 있습니다.

"황사 바람 무른 거리에서 전경들이 점심을 먹는다. 외국 대사관 단 밑에서 시위 군중과 대치하고 있는 광장에서 전경들은 땅바닥에 주저앉아 밥을 먹는다. 닭장차 옆에 비닐을 넣어 포장을 치고 그 속에 들어가서 먹는다. 된장국과 깍두기와 조린 생선 한 토막이 담긴 식판을 끼고 두 줄로 앉아서 밥을 먹는다. 다 먹으면 신병들이 식판을 챙겨서 차에 싣고 잔반통을 치운다."[*]

* 김훈, 〈김훈의 거리의 칼럼〉 중 '밥에 대한 단상' 일부 내용, 〈한겨레〉, 2018. 5. 18

김훈 작가의 밥에 관한 단상처럼, 잘 쓴 글을 입으로 쓰듯이 낭독하는 것은 효과가 큽니다. 좋은 글이 내 몸 안으로 들어오는 것만 같습니다. 낭독이라는 입으로 쓰는 글쓰기는 효과가 좋습니다.

셋째, 손으로 쓰는 필사입니다. 손으로 필사하면서 읽으면, 눈과 입으로 느끼지 못했던 새로운 감각을 느끼게 됩니다. 손으로 필사하면 낭독했을 때와 또 다른 느낌이 내 몸 안으로 들어옵니다. 필사를 통해서 손으로 쓰는 글쓰기 연습을 해야 자기만의 글쓰기 레시피를 만들 수 있습니다.

넷째, 기억으로 쓰는 메모입니다. 머릿속으로 기억하는 것이 아니라 노트에 메모로 저장해야 합니다. 머릿속의 기억보다 메모 속의 기억으로 써야, 그 글들이 훨씬 더 정확하고, 사실주의에 입각한 글들을 쓸 수 있습니다. 저는 매일 스마트폰에 메모해 놓고, 그 메모를 토대로 기억을 살려 글쓰기를 합니다. 메모는 기억과 기록으로 글 쓰는 방법입니다. 메모는 기억의 외장하드이기 때문에 기억에만 의존한 글쓰기의 부족한 부분을 메워 줄 수 있습니다. 메모의 기록과 기억을 동시에 활용해야 자기만의 글쓰기 레시피를 만들 수 있습니다.

다섯째, 가슴으로 쓰는 글쓰기입니다. 가슴으로 쓴다는 건, 직접 체험한 일을 쓰는 겁니다. 가난에 대해서 글쓰기를 한다면, 저는 부모님과 함께 겪었던 가난했던 경험을 토대로 쓸 겁니다. 시간의 기억 속에 담긴 경험들로 쓰는 겁니다. 예를 들어, 연탄보일

러에 대한 경험을 쓴다면, 연탄을 시간마다 갈아 주던 일을 글쓰기 소재로 삼는 겁니다. 연탄불에 의지하며 겨울을 보낸 가난의 경험이 가슴에서 흘러나오게 됩니다. 가슴으로 쓰는 글쓰기 방법이 나만의 글쓰기 레시피가 됩니다. 글에는 지식이 아니라 경험이 담겨야 합니다. 경험이 담긴 글이 체계화된 지식과 정보보다 서사가 있기에 독자의 가슴에 감동이 맺히게 합니다.

여섯째, 번역으로 글쓰기를 하는 겁니다. 한글이 아니라 영어로 번역하면서 글을 쓰는 방법입니다. 이때 한글만으로 했던 글쓰기보다 더 고급스러운 글이 나옵니다. 처음에 한글로 글을 쓴 후, 그 글을 영어로 번역하고, 다시 영문을 우리말로 번역하는 겁니다. 그렇게 번역하는 과정을 통해 그 글은 언어와 언어 사이를 오가면서 가지고 있는 의미들이 훨씬 더 명확하게 됩니다. 한강 작가의 《소년이 온다》라는 소설은 완벽한 번역이 이루어졌기에 노벨문학상을 받을 수 있었습니다. 《소년이 온다》를 영어로 번역하는 순간에 새로운 글이 됩니다. 번역하는 과정에서 새로운 의미들이 덧칠해진 겁니다. 번역은 또 다른 문학 작품으로서 전환되는 과정입니다. 영어로 번역하는 과정을 거치면, 자기만의 글쓰기 레시피를 만들 수 있습니다.

일곱째, 몸으로 쓰는 겁니다. 습작하듯이 매일매일 최소한 하루에 세 문장이라도 글 쓰는 연습을 하는 겁니다. 계속 습작하면 매일매일 몸에 글의 힘이 쌓여 갑니다. 몸에 남겨진 글들이 조금씩 나를 위대하게 만듭니다.

　지금까지 말씀드린 글쓰기 방법을 통해서, 평범했던 직장인
이 조금은 비범한 퇴직자로 전환될 수 있었습니다. 글쓰기는 자
기 자신과 자기의 삶을 비추는 가장 반사 성능이 우수한 거울입니
다. 매일 거울을 보면서 자기의 생활을 팽팽하게 조이고 당겨야
합니다. 마흔에 꼭 필요한 자기계발입니다.

설렘의 시작은 배움입니다.
두려움을 넘어 배움으로 나아가지 않으면
나를 기다리는 건 어제와 똑같은 지겨운 일상뿐이에요.
시간은 무디게 흐르고 무료함이 영혼을 잠식하지요.
오직 설렘만이 나이든 자에게 생각과 재미를 공급합니다.
재밌게 나이 들고 싶다면
내 가슴을 뛰게 하는 새로운 무언가를 배워야 해요.
글이든, 춤이든, 아코디언이든….

— 김재환, 《오지게, 재밌게, 나이듦》 중에서

05
회사 다니면서 시작하는
창업의 첫걸음

    대한민국의 40대들은 고민이 많습니다. 퇴직의 시기가 다가오면서 인생 2막을 어떻게 꾸려 갈 수 있을까 고민에 빠져 있습니다. 저는 그들보단 먼저 퇴직한 인생 선배입니다. 지난 퇴직 이후 4년의 경험을 토대로 그들의 고민에 대한 해법을 제시해 보려고 합니다.

    그동안 40대의 고민을 정리하고, 그 고민에 나름의 답을 기록하고 있었습니다. 솔직하게 말하고 싶은 건 하나입니다. 퇴직 이후에 월급이라는 소득이 끊어지면 무엇으로 먹고살아야 할지 대책을 마련하라는 것입니다. 사실 지금 저도 소득 대책이 필요합니다. 퇴직 이전의 후배들은 소득 대책을 세우기 바랍니다. 오십이 넘으면 재취업은 거의 불가능하고, 그렇다면 사업을 해야 하는데 어떻게 해야 하는지 방법은 모르겠고, 그렇게 망망대해에 뛰어드는 느낌입니다. 창업에 대한 고민을 안 할 수가 없습니다.

퇴직 후 선택지는 창업밖에 없습니다. 재취업의 환경은 너무도 열악합니다. 그래서 창업의 길을 기웃거리게 됩니다. 창업에는 몇 가지 준비물이 필요합니다. 퇴직 후 창업에 꼭 필요한 세 가지가 있습니다. 첫째는 사업 아이템이고, 둘째는 사업 자본금이고, 셋째는 사업 시스템입니다. 창업의 시작 지점은 사업 아이템입니다. 대부분 40대는 사업 아이템이 없습니다. 그래서 퇴직하면 생계를 위해 치킨 프랜차이즈를 창업합니다.

퇴직자의 현실은 대부분 생계형 창업을 하는 것입니다. 2023년 통계청의 한국기업생멸행정 통계 자료를 보면, 국내 창업 기업의 3년 이내 폐업률은 60.9퍼센트입니다. 3년이 못 돼서 10개 중에 6개가 망한다는 말입니다. 10명 중에 6명이 망하면, 내가 거기에 포함되지 않으리라는 보장은 없습니다. 이런 창업은 해선 안 됩니다.

반면에 생계형 창업과 대조되는 창업은 기술 창업입니다. 기술 창업에 대표적인 창업은 ICT벤처사업입니다. 보통 ICT벤처기업 중 3년간 폐업률이 6.3퍼센트에 불과합니다. 이렇듯이 생계형 창업은 기술 창업에 비해서 거의 열 배 수준으로 폐업률이 높습니다. 그만큼 생계형 창업은 위험합니다.

사업 아이템의 종류에 따른 창업 분야를 2023년 통계청 한국기업생멸행정 통계 자료를 통해 살펴보면 분야별 창업 중에서 생존율이 높은 분야는 1등 전기·가스·증기(75퍼센트), 2등 보건사회복지(56.6퍼센트), 3등 수도하수폐기(50.4퍼센트), 4등 제조업(44.2퍼센트)입니다. 반면에 생존율이 낮은 업종은 음식·숙박업(24.4퍼센트), 예술·스포츠·여가(23.1퍼센트), 금융보험업(21.7퍼센트) 순이었습니다.

결국 우리는 직장에 다닐 때 생계형 창업의 문제점을 인지하고 사업 아이템을 찾아야 합니다. 사업 아이템에 따른 분석을 하면, 생존율이 높은 아이템 업종의 특징을 알 수 있습니다. 바로 라이선스 기반으로 한 기술 창업입니다. 보육시설, 병원, 약국, 미용실 등 아이템에도 경쟁이 만만치 않았는데, 그들은 라이선스를 기반으로 한 기술 창업이기에 생존율이 높습니다. 기술 벤처기업들도 창업에서 생존율이 높습니다. 반면에 위험한 분야는 생활밀착형의 생계형 창업입니다. 자본금만 있으면 쉽게 진입하지만, 3년 안에 망할 확률이 높은 편입니다.

사업 아이템이 기술 기반으로 특화되기 힘들다면 창업에 성공할 수가 없습니다. 그래서 직장에 다닐 때 창업 아이템을 찾아야만 합니다. 직장에 몸담은 지금이 기술 기반의 창업 아이템을 찾을 수 있는 정보처도 많이 가지고 있기 때문입니다. 직장 내의 네트워크를 활용하는 것이 정보 취득에 가장 좋은 방법입니다. 퇴직하면 순식간에 정보 네트워크가 깨질 수 있습니다.

제 경험으로 보면, 퇴직 전에는 사업 아이템이 주변에 널려 있습니다. 다만 그 아이템을 찾을 수 있는 안목과 의지가 없었을 뿐입니다. 직장 안에는 '창업 아이템'이 쌓여 있습니다. 왜냐하면, 회사는 사업 아이템이라는 작은 아이디어로 시작해 성장하기 때문입니다. 누구나 회사의 사업이 어떻게 시작되고 성장하는지 과정을 살펴보는 것만으로도 사업 아이템을 구상해 볼 수 있습니다. 회사 안에 있을 땐 그 정보에 접근할 권한이 있습니다. 그 사실을 잊지 말라고 월급쟁이로 남아 있는 후배들에게 강조합니다.

사업 자본금 마련을 위한 세 가지 원칙

창업을 위한 사업 자본금을 마련하려면 세 가지 원칙을 지켜야 합니다.

첫 번째, 투자받는 자금입니다. 정부의 창업 지원 자금, 아니면 엔젤 투자자의 투자를 받는 것도 좋습니다. 그런데 투자자들이 투자하려면 당연히 사업 아이템이 투자할 가치가 있어야 하므로, 투자받을 만한 가치가 필요합니다.

두 번째, 자기 자본금은 여유 자금으로 활용할 수 있어야 합니다. 즉, 생존에 필수인 노후 자금마저 건드려서는 안 됩니다. 대표적인 노후 자금인 퇴직금은 손대지 않길 바랍니다. 노후 자금을 건드리면, 사업 실패의 경우에 너무 큰 치명타를 맞고, 노년의 삶이 지옥이 될 수 있습니다.

세 번째, 사업 운영 자금을 넉넉하게 설계해야 합니다. 모든 사업은 손익분기점까지, 최소 3년이라는 인고의 시간이 소요됩니다. 그래서 최소 3년을 소득 없이 견딜 수 있는 운영 비용을 초기 사업 자본금에 포함하는 겁니다. 자금 운영 계획을 세우기 위해 재무 설계 능력을 미리 공부하는 것도 필요합니다.

네 번째, 사업 시스템입니다. 사업 시스템은 사람과 조직입니다. 결국 사업에서 일을 하는 것은 시스템입니다. 창업자가 혼자서 개인의 모든 노동력과 역량을 쏟는 데에는 한계가 있습니다. 그래서 사람과 조직 구조를 연결해서, 사업 시스템이 일을 할 수 있도록 만들어야 합니다. 이 시스템에 그 회사만의 문화가 스며들어 생명체를 만드는 겁니다. 그렇게 구축된 기업만이 스스로 성장하고 발전합니다. 흔히 개인 장사에서 격을 갖춘 회사로 성장하려면, 반드시 사업 시스템과 문화가 있어야 합니다. 그 사업 시스템 안에 회사의 미션이 생기고, 비전이 세워지며 그들만의 핵심 가치가 만들어지는 겁니다. 사업 시스템의 설계는 운영 측면에서 꼭 필요한 요소이며 창업자에게 필요한 덕목입니다.

퇴직 전 빚을 없애야 하는 이유

퇴직 전에는 창업하든, 재취업을 하든 최우선은 빚을 없애야 합니다. 두 가지 명확한 이유가 있습니다.

첫째, 고정 소득이 사라지기 때문입니다. 빚의 이자를 무엇으로 감당하나요? 바로 월급으로 감당합니다. 그런데 퇴직 후에는 그 월급이 사라집니다. 월급이 사라진 채 빚을 지고 이자를 갚아 나가야 한다면 생활이 매우 궁핍해집니다. 월급이 사라지기 전, 즉 퇴직 전에 빚을 반드시 정리해야 합니다.

둘째, 고금리 사회가 언제 올지 모르기 때문입니다. 금리가 낮을 때는 이자율도 낮습니다. 그런데 아무리 저금리라 해도 대출 이자는 3퍼센트 이상입니다. 만약에 2억 원을 대출받으면, 매월 56만 원씩 내야 합니다. 고정 소득이 없는 상황에서 매월 56만 원 이자를 내는 것은 버겁습니다. 그런데 고금리 시대가 도래하여 대출 이자가 6퍼센트로 올랐다고 해 봅시다. 그러면 100만 원 넘게 대출 이자를 내야 합니다. 감당할 수가 없으니 빚은 퇴직 전에 갚으라고 하는 겁니다.

퇴직 후에 창업하고 싶다면 우선 퇴직 전에 대출을 없애고 창업하기 위한 자본 마련 대책을 가지고 있어야 합니다. 퇴직 후에 창업을 위한 자본을 마련할 때 두 가지 주의해야 할 점이 있습니다.

첫째는 PF자금처럼, 대출을 이용하지 마세요. 미래의 자산 가치의 상승 대가를 담보로 잡고 투자하는 것은 너무 위험합니다. 아무리 사업 소득이 기대된다고 하더라도 미래의 소득 수준을 기반으로 대출받으면 절대 안 됩니다. 소득이 예상대로 나오지 않으면, 본인의 생활비로라도 대출은 갚아 나가야 하는 상황이 됩니다. 생활비를 쓰지 못할 정도로 빚이 쌓이면 삶은 그야말로 황폐해집니다. 그래서 대출은 미래 소득 상승을 담보로 하는 것이 아닙니다.

둘째는 사업 아이템으로 대출이 아닌 투자를 받아야 합니다. 대출받은 부채가 아니라 투자로 돈을 빌리는 겁니다. 부채는 갚아야 하는 거지만, 투자금은 갚지 않아도 됩니다. 그래서 남의 돈을 가져다 쓸 때는 빚이 아니라 투자받아야 합니다. 퇴직 전 창업 준비는 꼭 이렇게 하셔야 합니다.

06
회사에서 경험해야 할
생산과 유통의 현장

현장에 답이 있다고 하지만 우리는 현장에 숨어 있는 본질의 이면을 찾으려 하지 않습니다. 겉으로 보이는 결과물로 판단하고 결정합니다. 경험으로 얻을 수 있는 통찰은 현장에 있습니다. 특히 우리가 생필품으로 쓰는 상품이 움직이는 슈퍼마켓의 현장은 삶의 모습을 그대로 보여 줍니다.

인간은 끊임없이 생산하고 소비합니다. 이 사실을 알아야 합니다. 저는 소매업에 종사했던 사람이라 소매업을 하는 기업들의 속내를 잘 알고 있습니다. 그중에서 소비에 관련된 인간의 욕망을 잘 알고 있습니다. 모든 사람은 생산과 소비 속에서 생산에 참여하는 동시에 소비의 주체가 되어서 살아갈 수밖에 없습니다. 소매업은 생산과 소비를 연결하는 사업입니다. 그래서 소매업은 절대

사라지지 않습니다. 다만 업태의 모양을 바꾸어 명맥을 이어 갈 것이라고 소매업 종사자들은 확신했습니다. 예를 들어 우리는 음식을 먹지 않고 살아갈 수 없기 때문에 인간이 먹는 식품 관련 산업은 절대로 사라지지 않는다고 믿고 있었던 것입니다.

특히, 자본주의 사회에서는 절대 이 사실이 변하지 않으리라고 확신했습니다. 자본주의는 생산과 소비라는 보이지 않는 손에 의해서 작동합니다. 생산과 소비가 사라지지 않는다면 소매 유통은 그대로 자신의 역할이 있다고 믿었습니다. 애덤 스미스가 《국부론》에서 "우리가 빵을 먹는 것은 빵집 주인의 이타심이 아니라 이익을 얻으려는 이기심 덕분이다"라고 말한 것처럼 자본주의에서 생산자는 이기심의 작동으로 타인을 위한 빵을 만듭니다. 또한 소비자는 화폐를 지불하고 빵을 사서 자신의 배고픔을 해결합니다. 자기 삶을 유지하기 위한 이기심을 바탕으로 생산하고, 소비하면서 우리는 살아갑니다. 그것이 자본주의 제도에서 인간의 삶입니다. 그 삶에 가장 중요한 것은 '인간은 소비한다'라는 사실입니다. 그래서 소매업은 절대 사라지지 않을 것이라는 확고한 믿음이 있었습니다. 4차 산업혁명이 이루어지면서 사회 경제 구조가 완전히 바뀌기 시작하자 견고한 믿음에 서서히 균열이 생기기 시작했습니다.

첫 번째 균열은 온라인 쇼핑이라는 새로운 소매업이 등장하면서 시작되었습니다. 소매업은 일정한 장소에 상품을 진열하는 공간 설계의 업태입니다. 얼마나 공간 설계를 잘했는가? 어떤 상품이 그 공간에 진열이 되었는가? 그 장소는 사람들이 편하게 왕래가 가능한 위치에 있는가? 이런 공간의 구성 요소가 소매업의 경쟁력이었습니다. 그런데 온라인 쇼핑은 공간 설계라는 기본 방식을 온전히 깨뜨려 버렸습니다.

한때 소매 유통업은 상품 장사가 아니라 부동산 장사라고 했습니다. 그 이유는 모든 것이 공간 설계를 기반으로 이루어졌기 때문입니다. 상품을 잘 파는 것이라는 기본적인 소매업의 본질보다 쇼핑이라는 경험적 요소를 부가해서 공간 설계에도 투자를 강화했었습니다. 사람들은 단순하게 상품을 사는 것뿐 아니라 체험을 통한 즐거움도 추구하고자 했고, 이것을 소매업에서 만족시키고자 노력했습니다. 그러나 그 시도는 부질없다고 할 수 없지만 명확하게 성과를 냈다고 말할 수도 없습니다.

두 번째 균열은 소유 방식이 변화되면서 시작되었습니다. 소유를 통한 사용뿐만 아니라 공유를 통한 방식으로 사용할 수 있게 소비하는 방식이 달라졌습니다. 굳이 소유하지 않아도 우리는 소비할 수 있는 사회로 변화하고 있습니다. 플랫폼 사업들은 대부분 무료입니다. 그것들만 잘 이용해서 소비해도 생활이 불편하지 않습니다. 예를 들면 구글과 네이버, 유튜브의 서비스는 모두 공짜입니다. 굳이 책을 사고, 강의를 듣지 않더라도 소비할 수 있습니다. 아마 플랫폼의 서비스처럼 우리가 소비하는 많은 것들이 서서히 무료화 되는 사회가 확대될 것입니다. 아마 21세기에는 공동 생산은 없고, 공동 소비만 일어나는 사회가 자본주의 사회를 대신할 가능성도 있습니다. 소유 방식의 변화가 소비 형태를 바꾸기 시작하면서 소매업이 몰락할 가능성도 커졌습니다.

세 번째 균열은 인구 구조의 변화에 따른 사회구조 변화로 시작되었습니다. 인간의 평균 수명은 19세기에는 40세 수준이었습니다. 그리고 현재는 80세이며, 미래는 최소한 100세 이상이 될 겁니다. 인간의 수명이 연장되면서 우리 삶의 형태는 급격하게 변하고 있습니다. 보통 20년은 배움의 기간, 20년은 노동의 기간, 그리고 20년은 노동의 기간에 쌓은 자산으로 노후 생활을 즐기는 기간으로 인생 설계를 했습니다. 단계별로 생산과 소비의 주체로서 살아왔습니다. 그러나 미래 사회는 이런 기본적인 삶의 단계 구조가 깨집니다. 출생률은 저하되고, 평균 수명은 늘어나면서 세대별 구성비에 균형이 깨집니다. 이에 따라 초고령화 사회가 도래합니다. 그 사회에서는 생산과 소비가 불균형을 이루기 때문에 소비를 줄이는 생활을 합니다. 소비의 급격한 위축이 일어나 결국은 소매업의 몰락으로 갈 겁니다.

제가 좋아했던 선배가 저를 포함해 후배 네 명을 모아 놓고 해준 말이 생각납니다. 그때는 그 의미를 몰랐는데 지금 되짚어 보니 현재 회사의 구조를 이해하는 데 시사하는 바가 컸습니다.

"여기 네 분이 1990년 20대 청년으로 부푼 꿈을 안고 이 회사에 입사했을 때가 기억납니다. 오늘 드디어 30년 근속이 되었다고 들었습니다. 30년은 결코 짧은 시간이 아닙니다. 결코 지속하기 쉽지 않았을 겁니다. 이 자리는 네 분의 30년 근속을 축하하기 위한 자리가 아닙니다. 스스로 자신에게 30년 동안 고생했다고 감사하고, 대견하다고 칭찬하는 자리입니다. 사람의 삶에서 30년은 배우는 데 긴 시간입니다. 입사하고 처음 3년은 배움의 시간이며, 그 이후에 27년은 일하는 시간입니다. 네 분은 그 30년을 다 채웠습니다. 앞으로 다른 곳에서의 직장생활은 인센티브라고 생각하고 살아가시면 됩니다. 어쩌면 남아 있는 사람들은 30년 근속하지 못할 것입니다. 왜냐하면 앞으로 10년 이내에 오프라인 소매업 사업은 바닥으로 내려갈 것이고 유통에 몸담은 많은 사람이 직업을 잃을 겁니다. 거기에 포함되지 않는 네 분은 행운아입니다."

그 얘기를 지금 되짚어 보고 있습니다. 오프라인 소매업은 몰락할 것인가, 아니면 새로운 형태로 변이해서 살아남을 것인가? 살아남으려면 어떤 것을 준비해야 하는가? 선택은 세 가지였습니다. 회피하든 수용하든, 아니면 적극적으로 대응하든, 선택은 그것뿐이었습니다. 그 후에 미래는 시간의 순서에 따라 내 앞에 다가왔습니다. 저는 2020년 말에 퇴직했습니다. 나머지 역할은 후배들의 몫이 되었습니다. 소매업은 쇠락으로 흘러갔습니다. 남아 있는 월급쟁이의 유일한 방법은 그저 시간을 버티는 일뿐입니다.

기업은 끊임없이 생산하고, 소비자는 끊임없이 소비합니다.

100년 후에도 1000년 후에도 그럴 겁니다. 그 속에서 소매업은 가교의 역할을 해 나갈 것입니다. 다만 시대가 변하면서 구체적인 수단은 바뀌고 있습니다. 100년 아날로그 소매업의 시대가 끝나고, 디지털 소매업의 시대가 도래하고 있습니다. 부와 성공은 유통업의 흐름을 읽을 수 있는 사람들의 전유물입니다. 사회의 변화를 유통 구조에서 읽어 내는 눈을 가져야 합니다. 회사의 생리적 특성을 몸으로 익히는 것도 자기계발 공부입니다.

07
자격증은
자기계발의 사회적 증표

'공인중개사'라고 목표를 정하는 순간 목표를 향해 나아가는 '나'는 이미 자신과 다른 '나'를 향해서 나아가는 겁니다. 부동산에 관한 모든 것에 관심을 가진 나는 다릅니다. 흥미를 느끼고 배움을 시작합니다. 마치 소꿉놀이하는 아이들이 엄마 아빠의 역할을 맡으며 그 말투를 흉내 내면서 배우듯이 말입니다. 조금씩 부동산중개인을 흉내 내면서 공부하다 보면 마치 자격증을 가진 전문가처럼, 부동산 시장을 바라볼 수 있습니다. 여기까지가 첫 단계 관문입니다. 이 과정이 없이 바로 사회적 관문인 자격시험을 통과할 방법을 찾아선 안 됩니다. 이 과정이 없으면, 자격증을 온전하게 획득할 수 없을 뿐만 아니라 획득했더라도 그 쓸모를 발견하지 못합니다.

사실 자격증은 자신의 아바타입니다. 이런 능력이 있다고 사회적으로 증명하는 증표입니다. 사회는 자격증이라는 사회적 증표를 부여하기 위해서 시험이라는 관문을 통과하도록 장애물을 만들었습니다. 이 장애물을 통과하기 위한 공부를 해야 합니다. 나이가 들수록 생활 속에서 목표를 명확하게 하지 않고 공부하면 실패할 수 있습니다.

최고의 스승은 반복이다

퇴직 이후에 어떤 분야를 자기계발 할 것인지 고민을 많이 합니다. 그런 분들에게 자격증 공부에 필요한 유용한 팁을 주고 싶습니다.

먼저 한마디를 던지고 시작하겠습니다.

"최고의 스승은 반복입니다."

자격증 획득을 위해서는 공부해야 합니다. 어떤 자격증을 원하든지 공부는 필수입니다. 자격증 공부를 제대로 하기 위해선 최고의 '스승'으로 '반복'이라는 학습 방법을 추천합니다. 특히 오십이 넘어 새로운 분야에 도전하고자 하는 퇴직자들에게도 반복 학습이 필요합니다.

오십에 하는 공부는 그동안 알고 왔던 것을 새롭게 재해석하는 것입니다. 이 재해석하는 공부에는 반복이 가장 훌륭한 공부 방법입니다. 한 번 하면 안 보이던 것이 두 번 하면 조금 더 보이고, 더 나아가 열 번을 하면 속속들이 그 본질이 보이는 법입니다.

사실 나이 오십에 공부는 머리로 하는 것이 아닙니다. 몸으로 하는 겁니다. 자격증 공부도 머리가 아닌 몸으로 반복하는 공부를 해야 합니다. 그 자격증의 분야가 되도록 머리보다는 몸으로 하는 분야가 좋습니다.

저는 이 공부 방법을 자격증이 아니라 영어 공부에 활용했습니다. 정확하게 영어 문자 공부가 아니라 영어 회화 공부를 하고 있습니다. 회화 공부법은 단순 무식하게 매일 반복하는 것입니다. 저는 매일 유튜브의 영어회화를 듣고 따라 하는 데 1시간, 네이버 영어회화 7문장 학습에 30분, 듀오링고 30분을 반복해서 하고 있습니다. 어려운 문장을 하는 것도 아니고, 쉬운 문장을 반복해서 듣고, 말해 보고 있습니다. 이렇게 매일 영어 문장을 반복해서 몸과 뇌가 습득하도록 각인하는 겁니다. 퇴직 이후 4년이 되었습니다. 중학교부터 대학까지 10년이 걸려도 외국인 앞에서 입을 뻥긋하지 못했습니다. 하지만 지금은 오히려 외국인에게 말을 걸고 있습니다. 유창하지 않지만 서로 소통이 가능합니다.

제가 영어 회화를 공부하듯이 퇴직 이후에는 자격증 공부를 하는 겁니다. 오십이 되면 오늘 배우고 내일 다른 걸 배우면 앞서 배운 것을 잊어버립니다. 까먹지 않으려면 배운 걸 반복하는 방법밖에 없습니다. 반복 학습하면 다른 학습에 방해받지 않고 학습 효과가 유지됩니다. 이 학습 방법은 과학적으로 증명이 되었습니다.

미국 브라운대학교 연구팀도 반복 학습의 기억 고정 효과에 관한 연구 결과를 〈네이처 뉴로사이언스〉에 발표했습니다. 이 실험의 참가자들에게 화상을 보여 준 후 모양을 구별해 내도록 했습니다. 실험에선 여러 차례 반복하자 정답 맞추는 확률이 올라갔습니다. 일정량의 반복 학습의 효과가 크다는 사실도 증명했습니다. 그러나 학습 효과로 얻어낸 지식을 새로운 현상을 식별하는 학습으로 확대해 본 결과에선 효과가 달랐습니다. 새로운 과제의 학습 효과는 올라갔지만, 먼저 학습된 지식의 습득 효과가 감소되는 것으로 나타났습니다. 즉, 다양한 분야의 과다한 학습은 과잉으로 효과가 떨어진다는 말입니다.

제가 했던 것처럼, 하루에 한두 시간씩 반복 학습하는 것이 효과가 높습니다. 즉, 획득한 지식이나 기술을 반복하는 과잉 학습을 하면 효과는 유지되지만 새로운 과제의 학습 효과는 높아지지 않는다는 말입니다. 학습할 때 사용되는 뇌의 영역이 흥분하게 되면 새로운 걸 기억하기 쉬운 상태가 되는 것으로 밝혀졌으나 과잉 학습을 한 직후에는 거꾸로 이 영역의 활동이 억제돼 먼저 학습한 걸 기억하기 어려운 상태가 됩니다.

오십이 넘어서 이미 뇌에 다양한 지식이 채워져 있는 경우에는 과잉 학습보다 반복 학습이 효과적입니다. 특히 악기 연주나 운동처럼 몸과 뇌가 함께 학습되어야 하는 분야는 반복 연습의 효과가 높습니다. 우리 몸과 뇌는 학습 직후의 기억은 불안정해 깨지기 쉽습니다. 그것을 극복하는 반복 학습으로 몸과 뇌에 학습의 기억이 고정되도록 하는 것이 효과적입니다.

반복 학습을 위한 정해진 시간과 장소

퇴직 이후 자격증을 획득하기 위해서 스승 한 분이 더 필요합니다. 바로 다른 또 한 분의 '정해진'입니다. 반복에는 반드시 반복을 실행할 수 있는 '정해진' 시간과 장소가 있어야 합니다.

반복 학습은 매일 정해진 시간과 장소에서 반복해야만 효과가 있습니다. 이렇게 고정된 시간, 고정된 장소에서 반복 학습이 중요한 이유는 다섯 가지입니다.

첫째, 정해진 시간과 장소가 있어야 미루지 않습니다. 둘째, 정해진 시간과 장소가 있어야 우리의 뇌가 준비 운동을 하고 있습니다. 셋째, 정해진 시간과 장소가 있어야 하루의 루틴으로 습관이 됩니다. 넷째, 기억은 장소 지향적입니다. 정해진 장소가 있어야, 기억이 잘 저장됩니다. 다섯째, 기억은 시간 지향적입니다. 정해진 시간이 있어야, 기억이 잘 저장됩니다.

기억은 생물의 진화와 비슷한 과정을 겪습니다. 조금씩 개별적 기억으로 저장되다가, 반복하는 동안에 개별적 지식은 일정한 방향으로 누적됩니다. 그러다가 어느 순간에 닿으면 개별적 지식은 보편적 지식으로 뇌 안에 고정됩니다. 이것이 기억의 진화이고, 이렇게 진화된 지식이 우리의 가치관이 됩니다.

지식도 생물처럼 품종과 변종이 있습니다. 변이로 작은 변종이 진화되듯이 지식도 변이를 거듭하는 방식으로 진화합니다. 뇌의 선택을 받지 못하는 지식은 사라지고, 뇌의 선택을 받은 지식만이 뇌 속에 각인됩니다. 지식의 환경에 다양하고 넓게 분포된 지식일수록 변종이 많이 일어나고, 그로 인해서 보편적 지식이 될 수 있습니다. 비슷한 품종이 있는 지역은 변종이 태어날 환경이 조성되지 않습니다.

지식도 다양한 영역으로 도전하는 것이 좋습니다. 예를 들면, 저는 대학교 때부터 세대의 갈등이 눈에 들어오기 시작했습니다. 세상의 다른 지식을 흡수하기 시작한 것이죠. 그전까지는 제 삶의 조건이 세상의 평균인 줄 알고 살아왔습니다. 그러다가 대학에서 다른 조건을 가진 사람들을 만나면서, 삶의 차이, 생각의 차이가 보이기 시작했던 겁니다.

마흔, 특히 퇴직 전이 자격증을 공부할 수 있는 최적의 시기입니다. 자기 생활의 지문이 새겨진 자격증 하나는 퇴직 전에 따야 합니다.

인생의 반환점에서 되짚어 봐야 하는 것

마흔은 인생의 반환점 직전의 중요한 순간입니다. 반환점에 도착하기 전에, 현재의 생활 방식을 되짚어 볼 시간입니다. 보통 마흔은 자녀를 양육하고, 일을 통해 개인과 사회 발전을 도모하며, 한 세대를 책임지는 주체 세력입니다. 마흔은 중년기의 시작입니다. 청년과 중년이 전환되는 시기로서, 어떻게 이 시기를 인식하는지가 중요합니다. 마흔에 자기계발을 제대로 한다면 인생 2막을 위한 성장의 시간이 될 수도 있고, 아니면 인생 2막을 바닥으로 떨어뜨리는 침체의 시간이 될 수도 있습니다.

보통 20~30대는 취업과 결혼, 그리고 출산과 육아에 집중하는 시간입니다. 반면에 마흔부터는 자녀의 양육이 집중되는 시간이고, 더불어 직장에선 핵심 주체로서 살아갑니다. 어두운 측면에선 서서히 갱년기에 접어들게 됩니다. 즉, 생물학적인 노화로 신체 변화가 일어나는 시기입니다. 따라서 마흔에 누구나 현재의 사회 경제적 위치를 되짚어 보아야 합니다. 정신 의학자들은 마흔의 삶이 노후에 정신건강, 행복 그리고 안정감에 영향을 준다고 말합니다.

마흔에 삶의 준비가 부족하면, 노년의 삶에도 우울과 불안, 자살 사고와 약물 남용, 사회로부터 고립과 정신 병리의 정도도 심각하게 나타날 수 있습니다. 마흔에 삶의 준비가 충만하면 높은 자기 존중, 다른 사람에 대한 관대한 마음, 일에 대한 적극적인 태도를 가지게 됩니다.

마흔은 불혹입니다. 유혹에 흔들리지 않을 나이라고 합니다. 그런데 유혹에 흔들리지 않는다는 것이 꼭 좋은 것은 아닙니다. 이것을 달리 해석하면, 몸의 건강을 잃어서 육체적 욕망이 사라지고, 뇌의 활성화가 떨어져 지적 호기심이 떨어지고, 마음의 온기가 사라져 사람에 대한 사랑이 사라지는 시기라는 말입니다. 그래서 몸의 건강, 뇌의 건강, 마음의 건강을 지키는 공부가 필요합니다. 더불어 이 시기에는 개인의 사회·경제적 생활의 위치를 바로 세워야 합니다. 스스로 마음공부를 하면서 최소한의 퇴직 공부를 해야 하는 중요한 시기가 바로 마흔입니다. 그런데 마흔은 청년도 아니고 중년이 아닌 상태라 어영부영 흘려보내기 쉽습니다. 마흔은 그렇게 놓쳐 버려야 할 10년이 아닙니다. 사회·경제적 자립, 생활의 자립을 마흔 다 가기 전에 이루시길 바랍니다.

4장

생활의 건강을 위한 '일의 정립'

퇴직 이전까지 우리의 삶은 일로 꽉 채워져 있어서 꿈과 놀이와 취미가 삶에 비집고 들어올 틈이 없습니다. 그러다가 오십에 일이 다 사라져 버린 순간 삶을 무엇으로 채울지 혼란을 겪습니다. 일만으로도 가득 채워져 있던 삶에 구멍이 뻥 뚫립니다.

마흔엔 일과 놀이 사이에 취미가 있어야 합니다. 그 취미를 통해서 일과 놀이를 하나로 연결할 수 있어야 합니다. 그렇게 하려면 일로 매몰된 삶 속에서 잃어버린 꿈을 발견하고, 그 꿈을 통해 일에서 만족감을 얻을 수 있습니다.

01
일을 놀이처럼 해 본 적 있는가

한민족은 일과 놀이를 분리하지 못하는 민족입니다. 일과 놀이가 하나인 민족입니다. 우리에게는 일도 놀이가 되고, 놀이도 일이 될 수 있습니다. 그래서 일을 통해 흥겨움을 찾지 못하면 고통스러워합니다. 우리 민족은 일마저도 놀이가 되는 방법을 찾아냅니다.

K 팝의 글로벌 성공이 일과 놀이가 하나가 된 대표적인 예라고 할 수 있습니다. K 콘텐츠가 성공했을 때 가장 결정적인 역할은 무엇이었을까요? 이 질문의 현명한 대답은 놀이입니다. 우리민족은 일상에서 놀이를 계속 즐겼습니다. 우리 아이들은 어렸을때 학교나 거리에서 춤추고 노래하는 것이 놀이였습니다. 그 놀이가 폭발적으로 어느 순간에 증폭이 되어서 그렇게 아이돌이 됩

니다. K 팝의 아이돌이 만들어 낸 퍼포먼스는 다른 나라의 청소년이 쫓아올 수가 없습니다. 어릴 때부터 계속 놀이로 해 온 춤과 노래가 응축되어 삶으로 전환되었기에 가능합니다.

일터를 놀이터로 전환하라

월급쟁이로 살아가면서, 대부분 잃어버린 것이 있습니다. 일을 놀이처럼 해 본 적이 없습니다. 가끔 일을 놀이처럼 하는 사람들을 본 적 있습니다. 바로 실리콘밸리의 벤처 창업가들입니다. 그들에게 일터는 놀이터입니다. 일과 놀이가 하나로 일치된 곳이 실리콘밸리의 기업들입니다. 당연히 일하는 방식도 다릅니다. 신제품 출시하는 방식에도 놀이 같은 모습이 보입니다. 그곳에 아이템을 개발하게 되면 청소부들에게 아이디어를 설명한다고 합니다. 그들에게 설명해서 이해가 가능한 것인지 아닌지로 신제품의 성공 여부를 판단합니다. 실리콘밸리의 벤처 창업가들은 놀이처럼 신제품 개발을 하면서 가장 혁신적이고 창조적인 성과를 만들어 냅니다. 그 일터는 놀이 공간이며 창조가 일어나는 플랫폼입니다.

놀이터는 영어로 '플레이 그라운드play ground'입니다. 플레이 그라운드가 있어야만 사람들은 자기의 능력을 발현하고 거기서 재미있게 놀 수 있습니다. 그곳에 행복이 있습니다. 마흔에는 회사의 환경이 일터 같더라도 놀이터처럼 일하는 방법을 스스로 찾아야 합니다. 적어도 회사 생활을 하는 동안에 일터를 놀이터처럼 전환할 수 있어야 합니다. '일터는 일터지, 어떻게 놀이터가 될 수 있느냐'고 반문할 수 있습니다. 눈을 돌려 주변을 보면 압니다. 우리 주변에는 일터를 놀이터처럼 활용하는 월급쟁이들이 있습니다.

퇴직한 사람이 가장 불행한 이유가 놀이터가 없기 때문입니다. 퇴직한 사람에게도 일터 같은 놀이터가 있어야 합니다. 어떤 사람은 놀이터는 있는데 놀이가 없는 경우도 있습니다. 퇴직자는 놀이터에서 자기만의 놀이가 있어야 합니다. 플레이 그라운드를 마련한 뒤에도 놀이가 없으면 오히려 그 공간이 지옥이 됩니다. 자기만의 놀이가 있는 사람들이 퇴직 후에 잘 살아갑니다. 퇴직 전에 일터를 놀이터로 만드는 취미 또는 놀이가 있어야 합니다.

저에게는 글쓰기가 일종의 취미 겸 놀이였습니다. 물론 글쓰기가 하루아침에 취미나 놀이가 되지 않습니다. 저는 중학교와 고등학교 때부터 꾸준하게 글쓰기를 했습니다. 그리고 마흔에 집중적으로 글쓰기를 놀이처럼 했습니다. 그 덕분에 퇴직 이후에 놀이가 일로 전환된 겁니다.

일이 아니라 놀이가 있는 사람들은 퇴직 이후에 잘 살아갑니다. 마흔에는 놀이와 취미를 마련해야 합니다. 놀이가 더 커졌을 때 취미가 됩니다. 취미로 발전하기 이전에 놀이로 즐기고 있어야 퇴직 후에 자기 삶의 놀이터로 가져갈 수가 있습니다.

왜 우리는 일과 놀이를 하나로 여기지 않을까요? 우리는 긴 세월 동안 생존과 번식에 필수적인 활동을 '즐거워'하도록 진화했습니다. 우리는 활동 자체를 즐기도록 진화해 왔기 때문에, 일은 지긋지긋하게 생각합니다. 현대의 일은 수렵과 채집 시절에 해 왔던 활동과 다르기 때문입니다. 일은 그 누구도 즐기지 않는 활동이라 돈을 주면서 억지로 시키는 겁니다. '일'에 상응하는 돈을 받는 이유는 일이 '하기 싫은 활동'이기 때문입니다. 놀이처럼, 하고 싶은 일이라면 돈을 주고서 할 겁니다.

사냥과 채집 시절에는 일이 놀이였으므로 일하면서 즐거워하는 '워커홀릭'이었을 겁니다. 그들의 일은 놀이와 일이 하나가 된 '일의 원형'이었습니다. 미래를 예측하고, 관계를 다독이며, 상황을 평가하고, 다음 세대를 기르는 일은 원초적인 일로서 놀이였습니다. 농업 혁명 이후에 일은 고통스러운 반복 작업으로 놀이가 될 수 없게 되었습니다.

온종일 물건을 배달하거나 전화로 물건을 팔거나 쓸모없는 전략을 만들기 위해서 컴퓨터 앞에 앉아 자판을 두드리는 일은 놀이가 될 수 없습니다. 우리는 그동안 생존과 사회 참여를 위해서 주어진 일에 매진했습니다. 그 일을 하는 이유와 목적을 알지 못한 채 고통을 참아 가면서 살아왔습니다. 퇴직 이후에는 놀이가 일로 전환되는 삶을 살아야 합니다.

두 번째 인생을 준비하기 위해 해야 할 일

일과 놀이를 하나로 연결할 수 있다면 인생을 두 번 살아갈 수 있습니다. 오십 이전에 첫 번째 인생, 그리고 오십 이후에 더 빛나는 두 번째 인생을 살아갈 수 있습니다. 이렇게 인생을 두 번 살기 위해선 세 가지를 명심해야 합니다.

첫째, 우선 첫발을 먼저 내딛는 겁니다. 그냥 시작하라는 뜻입니다. 모든 일은 시작이 반입니다. 시작하는 것만으로 이미 절반의 성과를 만들었습니다. 오십 이후 두 번째 삶이 빛나는 사람들의 특징입니다.

둘째, 오십 이후 삶의 성공 모델을 만드는 겁니다. 자기가 닮아가고 싶은 오십 이후 성공 모델을 찾는 것이 중요합니다. 성공 모델을 찾은 것만으로도 오십 이후 인생의 반의반은 성과를 만들었습니다. 예를 들어, 중년 프로골프 선수 최경주 프로를 성공 모델로 삼을 수 있습니다. 2024년 한국프로골프투어 SK텔레콤 오픈에서 54세로 최고령 우승을 했습니다. 최 프로는 50대까지 체력과 실력을 유지하려고, 술과 탄산음료, 그리고 심지어 커피마저 끊었다고 합니다. 삶의 성장을 위해선 반드시 삶의 지도를 보여 주는 성공 모델이 필요합니다. 그 모델을 흉내 내며 성장의 길로 나아갈 수 있습니다. 결국 바로 시작하는 것, 성공 모델을 찾는 것만으로도 7할 이상은 성장의 기틀을 마련한 겁니다.

마지막으로 여기에 열린 마음만 보태면 됩니다. 열린 마음이 있으면, 그 틈새에 삶의 의지와 방향이 스며들게 되어 있습니다. 열린 마음으로 일상의 문을 열고 나아가면, 빛나는 오십 이후 삶이 기다리고 있습니다. 열린 마음은 새 생명이 일어나는 현상과 비슷합니다. 엘랑비탈Elan Vital이란 프랑스어가 있습니다. 생명의 용솟음이란 뜻으로 우리 안에서 에너지를 모아 두었다가 소비하는 생명의 폭발 현상입니다. 생명 폭발에는 기계적 생명 폭발, 화학적 생명 폭발, 핵 생명 폭발이 있습니다. 이 모든 생명의 폭발이 바로 열린 마음에서 일어납니다.

생명의 폭발 현상이 일어나기 위해선 50대 이후 삶의 모습을 직시해야 합니다. 우리 삶에서 쓰이는 용도와 형태에 따라 연결 방식을 달리해야 합니다. 그래서 퇴직 이후 삶에 도움이 되는 대표적인 공부가 용도와 형태가 생명 현상과 어떤 연결성을 갖는지 파악하는 겁니다.

생명 현상을 이해하기 위해선, 먼저 용도와 형태의 상관관계에 대한 의미를 정리해야 합니다. 사전적으로 용도는 쓰이는 것을 의미하고, 형태는 사물의 생김새나 모양을 의미합니다. 용도와 형태의 상관관계는 사물의 생김새나 모양이 쓰이는 방식과 어떤 관계인지 분석하는 겁니다. 용도가 형태를 결정할 때가 있고, 형태가 용도를 결정할 때도 있습니다. 구석기시대의 주먹도끼는 형태가 용도를 결정한 경우이고, 신석기시대의 옥도끼는 용도가 형태를 결정한 경우입니다. 사용자가 용도에 맞추어 형태를 변형하는 것은 용도 중심의 도구라고 하고, 사용자가 용도에 적합한 사물을 사용하는 것은 형태 중심의 도구라고 할 수 있습니다. 우리가 일상에서 일어나는 모든 행동은 형태와 용도 안에서 발생합니다, 우리 행동을 형태와 용도로 구별하는 것이 필요합니다. 그래야 삶의 환경을 직시할 수 있습니다.

오십에는 삶의 영향을 미치는 용도와 형태를 인과관계에 의해서 직시할 수 있어야 합니다. A의 행동이 원인이 되어 A'라는 결과를 낳는다면 A와 A'에 인과관계가 있는 겁니다. 글쓰기를 예로 들어 보겠습니다. 어떤 사람이 12월 1일부터 글쓰기를 시작하면서 김훈 작가를 글쓰기의 롤모델로 삼고, 12월 31일까지 일상의 일들을 소소하게 글로 남겼습니다. 그 사람의 12월은 어떤 모습이었을까요? 한 달 동안 하루 한 편씩 썼다면, 글쓰기가 원인이 되어 '주어진 하루하루'를 보다 충실하게 살아 냈을 겁니다. 이것이 바로 일과 놀이가 하나 되는 이치입니다.

02
일을 취미와 놀이로 만들어 주는 꿈

　일이 취미가 되고, 놀이가 되기 위해선, 우리의 잃어버린 '꿈'을 되살려 내야 합니다. 마흔에는 일에 매몰된 삶 속에서 꿈을 발견해야 합니다. 그 꿈이 일을 취미로 만들어 주고, 놀이로 만들어 줍니다.

　선택의 자유를 박탈당하고 좌절의 늪에서 허우적거리는 사람들이 있지만, 스스로 삶의 주도권을 부여잡기 위해서 매진하는 사람도 있습니다. 그런 사람들이 모여 있는 공간에서 강연한 적이 있습니다. 바로 '다꿈스쿨'입니다. 경제적 자유를 꿈꾸는 분들이 함께 모여 공부도 하고, 서로 격려하며 꿈을 이루는 공간입니다. 4050세대가 서로의 꿈을 격려하는 공간이라는 '다꿈스쿨'의 의미가 좋았습니다. 저는 강연하는 내내 그분들이 귀를 기울이는 열정을 느꼈습니다. 그래서 강연을 듣고 있는 그분들보다 오히려 강연하는 제가 꿈의 은혜를 받는 느낌이었습니다.

저는 '한 사람의 꿈은 꿈이지만 모두가 함께 공유한 꿈은 현실이 된다'라는 칭기즈칸의 명언으로 강연을 시작했습니다. 그 공간의 의미를 더해 주기 위해서였습니다. 칭기즈칸은 세상에서 가장 넓은 땅을 가졌던 부동산 부자였습니다. 강연을 듣고 있는 그분들의 꿈이 현실 속에서 환하게 꽃 피우기를 바라는 마음이었습니다. 개인의 소망이 모여서 모든 사람의 꿈이 되고, 그 모든 꿈이 이루어지길 진심으로 바라는 마음이었습니다.

중년이지만 무럭무럭 자라고 있는 꿈나무 같았습니다. 그 열기 속에서 나이는 숫자에 불과하다는 사실을 깨달았습니다. 퇴직을 앞둔 중년에게 "꿈나무 같습니다"라고 했습니다. 보통 사람들은 '내가 몇 살인데, 나를 꿈나무라고 하나'라는 표정을 지을 겁니다. 그러나 그분들은 달랐습니다. 꿈을 꾸는 모든 사람은 나이에 상관없이 다 꿈나무가 된다는 사실을 알고 있었습니다. 마치 꿈나무 가득한 꿈의 동산에 와 있다는 생각이 들 정도였습니다. 나이와는 상관없습니다. 꿈을 가진 꿈나무들은 모두 언젠가 꿈의 꽃을 활짝 피우게 될 겁니다.

저는 그분들이 현실에서 꽃을 피울 수 있도록 도와주고 싶었습니다. 최소한 작은 도움이 될 수 있는 이야기를 준비했습니다. 저는 그분들처럼 퇴직 이후에도 꿈을 꾸어 왔고, 지금도 꿈을 꾸고 있고, 내일도 계속 꿈을 꾸면서 살아갈 겁니다. 그분들과 같은 시공간에 있는 사람으로서, 제가 아직도 붙들고 있는 꿈은 그분들을 안내하는 나침반이 될 것이라 믿습니다.

꿈은 명사가 아니라 동사다

저는 퇴직 이후에도 붙들고 놓지 않았던 꿈에 관한 얘기를 들려주었습니다. 꿈은 명사가 아니고 동사라서, 나이가 들어가면서 모양이 변해 왔습니다. 저는 20대의 꿈이 달랐고, 30대의 꿈이 달랐으며, 40대의 꿈이 달랐고, 지금 50대의 꿈도 다릅니다. 저는 늘 꿈으로 살아왔던 몽상가였습니다. 지난 시간을 돌아보면, 몽상가가 바로 삶의 전부였습니다.

꿈을 꽃과 비교하면, 꿈의 모습이 보입니다. 가지각색의 꽃이 됩니다. 20대에 꾸었던 꿈은 3월에 봄을 알리는 벚꽃과 같았습니다. 벚꽃은 마른 가지 위에 잎보다 먼저 꽃을 피우는 꽃입니다. 눈이 어지러울 정도로 찬란한 벚꽃 같은 꿈을 20대에 꾸었습니다. 세상을 바꾸고 싶은 꿈이었습니다. 하지만 20대는 꿈과 현실의 괴리가 너무도 컸습니다.

30대에 꾸었던 꿈은 계절의 여왕이라는 5월에 피는 장미꽃 같았습니다. 장밋빛 전망만 있고, 현실적인 대안이 부재했던 꿈이었습니다. 빌 게이츠나 스티브 잡스가 될 수 있다고, 장밋빛 전망으로 포장된 희망 가득한 미래를 꿈꾸었습니다. 그러나 현실은 허드렛일에 지친 월급쟁이였습니다.

40대의 꿈은 7월 여름 무더위에 들과 산에 피어나는 개망초꽃 같았습니다. 40대에 아내와 두 아들을 책임지는 가장의 역할과 직장에서 팀장의 역할을 충실하게 하는 것이 꿈이었습니다. 가족의 꿈을 지켜 내는 것도 만만치 않았습니다. 40대는 모든 중압감이 밀려와 힘들었던 시기였습니다. 물론 가장 치열하게 경쟁하면서 살았던 시간이기도 합니다.

개망초꽃은 7월이면 우리 산과 들에 흐드러지게 피어나서 쉽게 볼 수 있습니다. 벚꽃처럼 화려하거나 장미꽃처럼 아름답지 않지만, 꽃을 피워 내는 삶의 모습을 닮았습니다. 비로소 40대에 작고 소박하지만, 제가 이루어 낼 수 있는 꿈을 꾸기 시작했습니다. 하지만 삶은 팍팍합니다. 현실 속에서 가장이며 팀장으로 무거운 짐을 짊어지고 살았습니다.

지금 50대에 꾸고 있는 꿈은 9월부터 가을을 알리는 코스모스입니다. 저는 벌써 화려한 봄의 시간과 불꽃 같은 여름의 시간을 지나서, 어느새 인생의 가을에 이르렀습니다. 아직 마음은 봄과 여름에 있지만, 몸은 가을에 있습니다. 몸은 이미 가을의 계절을 느끼기 시작했습니다. 귀에 이명이 생기고, 치아는 수명이 다한 칫솔처럼 잘 씹을 수가 없습니다. 그래서인지 요즘 눈에 쏙 들어오는 꽃이 바로 코스모스입니다. 코스모스를 자세히 들여다보면 같은 색깔과 같은 모양의 꽃이 하나도 없습니다. 큰 도로나 작은 골목길이나, 산이나 들이나, 주택가의 마당이나 어디에서든 잘 어우러져 피어납니다. 지금 저는 퇴직자이면서 작가로서 코스모스처럼 피어나는 꿈을 꾸고 있습니다.

저는 60대의 꿈으로 가을의 향기를 가득 품고 있는 국화꽃처럼 피어나고 싶습니다. 전 직장 직속 상사는 58년 개띠입니다. 얼마 전 그분과 식사하는데, 이런 말씀을 하셨습니다.

"정 작가, 나이 예순이 넘어가니 국화꽃이 좋아졌다. 꽃의 모양보다는 국화꽃의 향이 좋아. 국화꽃처럼 향기가 있는 사람이 되고 싶네."

그 선배의 말을 듣고, 저도 60대에는 국화꽃처럼 향기가 가득한 사람이 되고 싶다는 꿈을 꾸었습니다. 작가이면서, 삶의 향기를 나누는 강연자로 살고 싶습니다. 사람의 향기가 물씬 풍기는 사람 같은 사람이 되고 싶습니다.

70대의 꿈은 한겨울에 봉오리로 피어나는 동백꽃처럼 피었다가 지는 삶입니다. 동백꽃은 꽃잎으로 지는 것이 아니라 꽃봉오리째 꽃이 떨어집니다. 그래서 70대의 삶을 동백꽃에 비유하는 것입니다. 추운 겨울에 한 봉오리로 피어났다가, 봉오리 째로 지는 동백꽃처럼 살아가는 삶을 꿈꾸기 때문입니다. 추운 날씨에도 기어이 한 송이 꽃을 피워 내는 동백꽃입니다. 그때에도 은퇴자이지만, 작은 거라도 배우는 학생의 신분을 그대로 가진 채 살아가고 싶습니다.

이렇듯이 저는 나이에 따라, 꿈의 모양이 변했습니다. 꿈이 변화한 모양을 한 줄로 정리하면, 이렇습니다. 젊은 날에는 저 하늘 멀리 떠 있는 별이었던 꿈이 나이가 들어가면서 우리 주변에 꽃이 되었습니다.

지금 제 꿈은 씨앗을 발아해서 자기만의 꽃으로 활짝 피우는 코스모스를 닮았습니다. 매년 가을이면 한강변의 코스모스를 보러 축제에 갑니다. 봄에 발아해서, 여름에 줄기를 키우고, 가을에 꽃을 피우는 과정이 마치 한 사람의 꿈을 실현해 가는 모습과 닮아 보입니다.

03
일과 놀이가 하나 되는 삶

　일과 놀이의 차이는 무엇인가요? 일이란 무엇을 이루거나 적절한 대가를 받기 위하여 어떤 장소에서 일정한 시간 동안 몸을 움직이거나 머리를 쓰는 활동입니다. 결국 일이란 몸의 수고와 마음의 노고가 담긴 인간 활동을 의미합니다. 다른 말로는 근로 또는 노동이라고 불리기도 합니다. 사람들은 일을 통해서 생존에 필요한 것을 얻습니다. 반면에 놀이는 인간의 생존과 관련이 있는 활동과 일을 제외한 신체적이고 정신적인 모든 활동을 말합니다. 우리는 일을 통해서 생존 가치를 얻고, 놀이를 통해서 존재 가치를 얻습니다. 결국 일에서 해방되는 퇴직의 순간에 놀이로서 삶의 존재 가치를 찾아내야 합니다. 우리는 일이 아니라 놀이를 통해서 진정한 나, 존재의 가치를 가진 나를 발견할 수 있습니다.

퇴직 이후에는 놀이를 일로 전환해서 진정한 나를 찾아가는 도전을 해야 합니다.

"나를 그만 보고 너를 봐."

〈삼진그룹 영어토익반〉이란 영화 속에 나온 대사입니다. 사람들은 자기 모습을 직접 보려고 하지 않습니다. 다른 사람의 눈에 비친 나를 보는 데 급급합니다. 남의 시선을 의식하면 문제 해결의 열쇠를 찾을 수가 없습니다. 우리가 당면한 문제를 해결하는 가장 좋은 방법은 바로 자신을 직시하는 겁니다. 남의 눈이 아니라 내 마음을 들여다보아야 합니다.

남의 눈을 통해서 바라본 나는 실패자가 되는 것을 두려워하는 겁쟁이일 수 있습니다. 실패가 두려워 시도조차 하지 않는 겁쟁이입니다. 우리는 실패를 두려워하지 말고, 자신을 똑바로 보면서 새로운 삶을 선택해야 합니다. 그 새로운 선택에 놀이가 있습니다.

일에만 매진해 왔던 우리는 퇴직 이후에 극심한 패배감을 경험합니다. 성공한 삶이라고 믿어 왔던 모든 것들이 물거품처럼 사라집니다. 스스로 들여다보지 않고, 똑바로 직진만 해 왔던 삶을, 퇴직하면서 뒤돌아봅니다. 큰 실패의 경험이 없다면 성공한 삶처럼 보입니다. 하지만 깊게 살피면, 큰 실패가 없었다는 것은 제대로 도전해 본 적이 없다는 말입니다. 단 한 번도 자신을 똑바로 바라보지 않았다는 방증입니다.

도전에는 실패의 고통이 따릅니다. 이것이 끝이라고 생각했는데 보이지 않는 바닥이 더 있다는 것을 경험해야만, 그 속에서 진정한 나를 만날 수 있습니다. 더 이상 할 수 없다는 극한에 이르렀을 때 한 발자국 내딛는 곳에서 '본질의 나'를 발견하는 겁니다. 그 안에 진정한 내가 있습니다. 먼저 남의 시선이 아니라 나의 눈으로 나를 바라보아야 합니다.

본질의 나를 발견하는 방법으로 도전과 더불어 놀이의 역할을 찾아야 합니다. 농업 혁명 이전에는 일과 놀이가 하나였습니다. 사냥과 채집으로 살아가는 시대에는 일과 놀이가 분리될 수 없었습니다. 왜냐하면 동물을 사냥하고 식물을 채집하는 것은 삶과 생존이 동시에 이루어지는 행위였습니다. 식물에 대한 폭넓은 지식, 모은 자원을 처리하는 방법, 사냥을 위한 동물 추적과 포획 기술, 사냥한 동물의 고기를 요리할 줄 아는 능력이 필요했습니다. 임시 숙소 설치, 불 피우기, 보호용 의류 제작 등 생존을 위한 필수 기술도 습득해야 했고, 궁극적으로는 가혹하고 험난한 환경에서 장기적 계획을 이어 가며, 짝을 찾고, 자식을 낳아 키우는 등 모든 과업을 성취해야만 했기에 일과 놀이가 분리될 수 없었습니다.

서울대학교 인류학과 박한선 교수는 〈진화인류학적 관점에서 본 일과 놀이〉라는 논문에서 수렵과 채집 시절에는 삶의 방향이 근면보다는 준비를, 축적보다는 공유를, 성취보다는 예측을 중요하게 여겼다고 설명했습니다. 그들은 사실상 모두가 전략가이자

연구자였다고 보았습니다. 우리는 본질적인 나를 발견하기 위해선 일과 놀이를 하나로 연결하여 살아가야 합니다.

최고 전문가는 일을 놀이처럼 즐기는 사람이다

일을 놀이처럼 즐겁게 하는 사람이 있습니다. 롯데백화점의 J사장님입니다. 많은 사람의 기억에 남겨진 사건은 바로 백화점 경품에 대한 발상의 전환입니다. 그분은 백화점 업계에서 경품 이벤트의 달인으로 꼽히며 스포트라이트를 한몸에 받았습니다. 롯데백화점 창립 30주년 기념행사를 기획할 때 주요 키워드를 '꿈'으로 잡고 세 차례에 걸친 신선한 이벤트를 실시하며 전 국민의 참여를 이끌어 냈습니다.

첫 번째 행사에선 '내집 마련의 꿈'이란 주제로 6억 원대 아파트를 경품으로 내걸어서 응모자가 총 280만 명에 달했습니다. 두 번째는 '일상을 탈출해 여행을 떠나고 싶어 하는 꿈'을 주제로 18일간의 세계 일주와 우주여행, 남북극 여행 등의 경품을 내놓았습니다. 이벤트에서 100만 명의 응모자들이 모였습니다. 세 번째는 '새해에 이루고자 하는 소망'이란 키워드로 벌인 '소원을 들어드립니다' 이벤트엔 50만 명이 응모했습니다. 그분은 일을 지겨워하지 않고 즐기며 합니다. 매번 기상천외한 아이디어가 그분에게서 나오는 이유는 일과 놀이를 하나로 연결하기 때문일 겁니다.

J사장님은 매번 새로운 계획과 의지가 담긴 결심을 먼저 하는 게 아니라 무조건 '단순 시도'를 해 봅니다. 사람의 마음에는 축적된 경험치가 있습니다. 이 경험치들이 계획과 결심을 세우는 데 도움이 되지만, 시도하는 데 장애 요소입니다. 왜냐하면 계획과 결심이 응집된 행동의 결괏값이 늘 만족하게 나오는 것이 아니기 때문입니다.

제 경험을 돌이켜보면, 계획을 세우고 굳은 결심으로 했던 도전은 실패가 많았습니다. 대충 통계치를 보면 열 번의 도전 중에 겨우 한 번 정도만 성공했던 것으로 보입니다. 새로운 계획을 세우고 결심한 도전이 좋은 결과로 이어지는 것이 어렵습니다. 오히려 작게 끊임없이 반복한 '단순 시도'가 좋은 결과를 가져온 경우가 많습니다. 나이가 들어갈수록 '단순 시도'를 하기 어려워합니다. 그래서 J사장님처럼 최소한 마흔에는 단순 시도가 몸에 익숙해져야 합니다.

대부분 직장인은 위계질서가 짜인 조직에서 주어진 업무를 수행하다 보면 단순 시도를 해 볼 수 있는 기회가 거의 없습니다. 그래서 의도적으로 그냥 해 보아야 합니다. 이것이 일을 놀이로 만드는 역할을 합니다. 퇴직 이후에는 삶의 만족도가 더 떨어지고, 자괴감에 시달릴 때가 많기 때문에 '단순 시도'가 더 필요합니다.

철새 같은 사람이 있고, 텃새 같은 사람이 있습니다. 도요새는 철새로 서해안의 갯벌이 있는 해안을 거쳐서 이동합니다. 갈매기는 텃새로 인근 바다와 바닷가 주변을 배회합니다. 직장인 중에도 도요새처럼 이동하면서 살아가는 철새와 같은 사람이 있고, 갈매기처럼 바닷가에서 배회하며 살아가는 텃새와 같은 사람이 있습니다.

직장인들은 대부분 갈매기인 텃새와 비슷합니다. 새로운 곳으로 떠나는 여행을 싫어하고, 생활의 변수가 많은 것을 좋아하지 않습니다. 정해진 시간에 일어나서, 정해진 공간에서 살아가길 원합니다. 반면에 성과를 만드는 사람들은 철새처럼 다양한 변수를 온몸으로 느끼면서 일합니다. 그들의 일하는 방식은 철새처럼 먹이를 이동하면서 찾아다닙니다.

일에 몰입한 직장인의 삶은 텃새인 갈매기입니다. 반면에 일과 놀이의 조화를 이루는 직장인의 삶은 철새인 도요새입니다. 도요새처럼, 끊임없이 세상을 두드리는 방법으로 살아갑니다. 성과물은 바로 수없이 쪼아대는 시도에서 만들어집니다. 비범한 성과는 텃새들이 만들지만, 위대한 성과는 철새들이 만듭니다. 직장생활을 하는 동안에도 철새의 본능으로 살아가야 합니다. 바로 일에서 꿈과 취미, 그리고 놀이의 속성을 발견하는 겁니다. 이렇게 일과 놀이를 하나로 만드는 사람들이 전문가가 됩니다.

04
자신의 한계를 뛰어넘어
놀이로 만들어라

위대한 일을 해 내는 사람들은 일을 바라보는 관점이 다릅니다. 비록 시작할 때부터 천직으로 생각하지 않을 수도 있지만, 그 일에 몰입하다 보면 위대한 신화를 만들어 내기도 합니다. 그런 사람은 일 자체의 한계를 넘어서, 놀이처럼 삶을 충만하게 만드는 경지에 이른 것입니다.

2024년 파리올림픽에서 한국 양궁은 신화를 창조했습니다. 어떻게 그 신화가 가능했을까요? 한국 양궁은 실력인가요? 아니면 행운이 따른 건가요? 저는 이 질문에 마지막 결승전을 보면서 실력이라고 결론지었습니다.

남자부 결승전에서 김우진 선수와 엘리슨은 5세트를 5대 5로 팽팽하게 맞서고 있었습니다. 결국 잔인한 악마의 게임인 슛 오프로 승부를 가리게 되었습니다. 아내는 조마조마하다며 손으로 눈을 반쯤 가리고 남자 양궁 결승전을 보았습니다. 마지막 슛 오프를 쏘았습니다. 마지막 한 방은 중앙점에서 김우진은 55.8밀리미터이고, 엘리슨은 60.7였습니다. 두 화살의 거리 차이는 4.9밀리미터였습니다. 그 차이로 김우진 선수가 금메달을 걸었습니다. 4.9밀리미터의 차이는 행운이라고 말합니다. 그 행운으로 김우진은 3관왕이 되었고, 한국 양궁은 남녀 개인전과 단체전 등에 걸린 금메달 다섯 개를 모두 휩쓸었습니다. 하지만 저는 김우진 선수의 완벽한 실력 때문에 금메달을 휩쓸었다고 생각합니다. 반면에 엘리슨은 운이 좋았습니다. 엘리슨은 행운이 따른 덕분에 5 대 5 무승부와 슛 오프의 10점까지 따라올 수 있었던 게 아닐까요.

김우진 선수는 아무리 상대가 좋은 운을 가졌다고 해도 따라올 수 없는 경지의 실력을 갖추고 있습니다. 이처럼 세상에는 행운마저 능가하는 절대 실력이 있습니다. 김우진 선수가 양궁의 절대 실력자인 것처럼 직장에서도 행운으로 쫓아갈 수 없는 다른 차원의 실력자가 있습니다. 그들은 '달인' 또는 '명장'이라고 불립니다.

〈생활의 달인〉이라는 프로그램은 수십 년간 한 분야에 종사하며 부단한 열정과 노력으로 달인의 경지에 이르게 된 사람들을 소개합니다. 우리 주변에서 볼 수 있는 수많은 직종에서 단순한 일의 차원을 뛰어넘어 만두와 찐빵의 달인, 칼국수 달인, 대게 손질의 달인 등 자기 맡은 일에서 '다른 차원의 실력자'가 된 사람들이 있습니다.

달인이란 학문이나 기예에 통달하여 남달리 뛰어난 역량을 가진 사람입니다. 명장은 기술이 뛰어난 장인을 뜻합니다. 직장에도 한 분야에서 오래 근무하며 얻은 경험과 기술을 바탕으로 전문성을 쌓고 일에 대한 열정과 사명감을 가진 명장과 같은 달인이 있습니다. 그들은 직장생활 그 자체로 한 편의 다큐멘터리를 만들 정도입니다. 쳇바퀴 돌아가는 일터에서 자신이 맡은 일에 최선을 다하며, 한 분야에서 최고가 된 명장으로 꿈을 이루는 사람들입니다.

저의 전 직장에서도 '신선 명장'이 있었습니다. 명장은 농산물 명장, 수산물 명장, 축산물 명장, 조리식품 명장으로, 그들은 각자 자기 분야에서 최소 10년, 많게는 30년 동안에 종사하면서 최고의 경지에 올라섰습니다. 이들에게 일터는 노동의 공간이 아니라 꿈을 실현하는 공간입니다. 그렇게 쌓은 실력은 행운과 불운에 좌우되지 않고 전진하게 만듭니다.

조리식품 분야에 L후배가 있었습니다. 그는 대표적으로 조리식품 덕후였습니다. 처음 입사할 때부터 조리식품을 지원했고, 그가 원하는 대로 '냉장 조리식품' 분야에서 주로 일했습니다. 냉장 조리식품에서 취급하는 식품은 주로 '도시락, 초밥과 김밥' 등의 밥류가 주류를 이룹니다. 이 후배는 처음부터 밥류에 관심을 가지고, 신제품을 개발했습니다. 입사 이후 15년 동안 그가 개발한 신제품 대부분은 성공하지 못했지만, 끊임없이 도전했습니다. 어느 순간 그는 '밥류'에 대해서는 그 누구도 따라오지 못할 정도의 전문가가 되었습니다. 인사이동으로 다른 부서로 옮기게 되자 그 후배는 회사를 그만두고 '냉장 조리식품' 회사를 창업했습니다. 창업한 이후 5년 정도는 시행착오를 겪었습니다. 하지만 지금은 연간 1,000억 매출을 올리는 탄탄한 중소기업의 대표가 되었습니다. 그 후배에게 회사에서 부여한 직무는 일이 아니라 즐거운 놀이였습니다. 지금도 후배의 모습 두 가지가 생각납니다. 하나는 신제품 개발을 보고할 때 빛나던 눈빛입니다. 다른 하나는 초밥을 쌓고 있는 뒷모습에서 보았던 빛나는 등입니다.

일에 몰두하는 사람의 뒷모습

사람의 등은 그 사람의 모든 걸 말해 줍니다. 일본 애니메이션 〈룩백〉에 자주 등장하는 장면이 있습니다. 바로 주인공 후지노가 등을 보이는 모습입니다. 만화가를 꿈꾸는 소녀 후지노가 창문 앞 책상에 앉아 연필로 선을 긋고 지우개로 지우는 동작은 모두 등의 움직임으로 보여 줍니다.

어느 날 필사적으로 그림에 매달리는 그의 등이 보이는데, 동창생인 쿄모토의 그림 실력에 충격을 받은 후 그림 공부에 몰입한 겁니다. 후지노의 등 너머 창밖으로 펼쳐지는 사계절의 변화는 그가 쏟은 시간을 이야기합니다. 자기 실력을 쌓는 모습이 등을 통해서 보입니다. 그 후배의 등과 후지노의 등이 그들의 실력을 말해 줍니다.

우리는 성공을 이룬 사람의 앞모습만 신경쓸 뿐 그의 뒷모습이 어떤지 잘 알아차리지 못합니다. 어쩌면 더 중요한 것은 하는 일에 몰두하고, 다른 이를 도우려고 손을 내밀며, 어떻게 할까 골똘히 생각하는 뒷모습입니다. 등은 그 사람이 어떤 사람인지 말을 해 주는 증표입니다. "마흔이 되면 자기 얼굴에 책임져라"라는 말처럼 등에 대한 책임을 져야 합니다. 사람의 등은 그 사람이 해 온 일의 모습을 보여 줍니다. 그 후배는 등을 통해서 자신이 이룬 일과 직업의 모든 것을 보여 주고 있습니다.

한계를 넘어서기 위해 고통과 좌절을 오직 등의 힘으로 밀고 나아가는 마흔의 후배들에게 응원의 마음을 보냅니다. 한 가지 명심해야 할 것이 있습니다. 마흔은 일을 취미 또는 놀이로 거듭 나게 할 마지막 기회라는 사실입니다.

05
실력이 성공을 위한
유일한 독립변수

성공에 다가가는 방법에 뭔가 거대한 비밀이 숨어 있을 것 같지만, 성공의 법칙은 비만의 원인과 비슷합니다. 자신도 모르게 적은 양의 간식을 자주 먹은 것이 비만의 원인이 되는 것처럼, 일상의 작은 일들이 쌓여서 성공을 이룬 경우가 많습니다. 그래서 성공한 사람들에게 당신이 성공을 이룬 방법이 무엇이냐고 물어보면, 대부분 이렇게 대답합니다.

"운이 따랐습니다. 내 성공은 70퍼센트의 행운과 30퍼센트의 노력입니다."

성공한 사람들은 성공을 이루는 데 행운이 절대적이었다고 말합니다. 행운 없이 성공하기 어렵습니다. 그러나 여기에서 중요한 점을 놓쳐서는 안 됩니다. 행운은 종속변수이고, 기술이 독립

변수라는 사실입니다. 행운이 70퍼센트이고, 기술은 30퍼센트라고 해도 우리가 성공하려면 행운이 아니라 기술에 집중해야 하는 겁니다. 기술, 실력이 성공의 3할밖에 되지 않지만, 바로 실력만이 우리가 통제할 수 있는 유일한 독립변수이기 때문입니다. 한 분야에서 성공하려면, 그 분야에서 명장이 되는 것이 먼저입니다. 실력은 로또라고 합니다. 로또를 사서 가지고 있다고 당첨되는 것이 아니지만 로또를 사지 않으면 절대로 당첨이 될 수 없습니다. 그래서 성공한 사람은 반드시 실력을 먼저 갖추고 그다음에 행운을 기다립니다.

실력을 키우는 사람은 그 마음 자세부터 다릅니다. 첫째, 남의 꿈이 아니라 내 꿈을 꿀 줄 아는 사람입니다. 둘째, 서 있는 위치를 바꿀 줄 아는 사람입니다. 셋째, 온실 속의 화초가 아니라 야생의 잡초로 살아가는 사람입니다. 넷째, 스스로 장애물을 만들지 않고 살아가는 사람입니다. 꿈을 통해 실력을 키운 사람은 이런 마음 자세를 가지고 있습니다. 독립변수인 실력을 키우기 위한 노력을 꾸준하게 해 왔던 사람만이 성공을 이룹니다. 이 방식은 과거에도 유효했고, 지금도 유효하며, 미래에도 유효할 겁니다. 실력을 쌓아 가는 과정엔 공부가 필요합니다.

오십 이후에 꼰대는 일과 놀이의 조화를 이루는 취미와 놀이를 공부하지 않는 사람입니다. 놀이와 취미는 밥을 먹듯이 반복해서 일이 몸에 배는 겁니다. 물론 나이가 들면 머리로 익히는 배울 '학學'의 공부도 중요하지만, 특히 몸으로 익히는 '습習'의 공부가 중요합니다. '습'의 공부엔 반복이 최고 스승입니다. 매일 반복해서 연습해야 합니다. 하루 10시간의 공부보다, 하루 한 시간씩 10일 공부하는 것이 배움의 지름길입니다. 반복을 지속하기 위해선, 자기만의 루틴이 필요합니다. 그래야 반복을 지속할 수 있어서 실력이 쌓이는 겁니다.

실력이 쌓이면 퇴직 이후 일에서 주도권을 가질 수 있습니다. 퇴직 이후 실전에서는 몸에 익힌 기세가 중요합니다. 반복으로 실전을 이끌어 갈 수 있습니다. 마흔에는 몸으로 익혀서 실전에서 밀고 나아갈 수 있는 실력을 갖추고 있어야 합니다. 우리 앞에 놓인 현실은 녹록하지 않습니다.

자기 안에 잠자고 있는 거인을 깨워야 합니다. 그런 사람들은 다 한계를 극복한 사람입니다. 알렉산드르는 오른팔 없이 왼팔로만 탁구를 하는 브라질 선수입니다. 탁구에서 서브하려면, 한 손으로 공을 던지고, 한 손으로 라켓을 잡고 서브해야 합니다. 그가 서브하는 과정은 눈물겹습니다. 한 손으로 라켓을 잡고, 라켓 위에 공을 올립니다. 그리고 라켓을 위로 올리면서 공을 올리고, 그 공이 떴다가 내려오는 것을 라켓으로 쳐서 서브합니다. 그 동작을 익히는 데 흘렸을 땀과 눈물을 생각했습니다. 그 서브를 해 내기 위해서, 3년을 반복하고 반복했다고 합니다. 한쪽 팔로 몸의 전체적인 균형 감각을 기르기 위해서, 매일 스케이트보드를 타고

풋살을 했다고 합니다. 땀과 눈물로 범벅을 이루었을 그의 얼굴에 웃음이 넘칩니다. 명장은 한마디로 정의하면, 알렉산드르처럼 한계를 극복한 사람이라고 합니다.

실력을 키우는 것은 자신의 한계를 극복하는 힘겨운 과정입니다. 그 과정을 오랫동안 지속하려면 '일'을 일로 여기지 않고, 그 일 속에 '꿈'을 심어 넣어서 만족감을 느끼거나, '취미'로 하여 '즐거움'을 가지거나, 아니면 놀이로 하여 '흥'이 나도록 해야 합니다.

퇴직 이후에도 실력을 갖추고 일을 하는 사람에게 일은 일이 아닙니다. 그들에게 일은 꿈의 실현이기도 하고 취미이기도 하고 놀이입니다. 마흔에 그것을 실현한 사람만이 퇴직 이후에도 평생 직업을 가지고 살아갑니다. 나이 먹을수록 취미와 놀이가 필요합니다. 그 속에서 흥미가 일어나야 살아가는 재미가 있습니다. 바로 꿈의 쓸모이고, 취미의 쓸모이고, 놀이의 쓸모입니다.

그들은 좋아하는 놀이를 직업으로 삼았다.
이것만으로도 '절반' 성공한 인생이라고 말할 수 있다.
물론 그들의 인생이 완성된 것은 아니다.
일과 놀이가 인생의 절반이라면
나머지 절반은 사랑과 연대라고 나는 믿는다.

— 유시민, 《어떻게 살 것인가》 중에서

PART 2

오십에
다시 그리는
10년 인생 지도

1장

오십 이후 그려야 할 삶의 지도

오십 이후 자기만의 삶의 지도를 그리고 싶다면 세 가지를 준비하세요. 첫째, 시간의 자립을 위한 '습관 공부'를 해야 합니다. 시간의 자립을 위해선 '습관과 몰입'이 있어야 합니다. 둘째, 신체의 자립을 위한 '건강 공부'입니다. 건강에는 '식단과 운동, 그리고 숙면'이 있어야 합니다. 셋째, 인간관계의 자립을 위한 '고독 공부'입니다. 혼자 지내는 법을 터득해야 '인간관계의 자립'을 이룰 수 있습니다. 자기만의 습관과 건강, 그리고 고독이 있을 때, 나이 오십의 삶의 지도를 그릴 수 있습니다.

01
퇴직이 아직 멀었다는 착각

여러분이 오십이 되었다면, 지금 필요한 것은 인생의 위도와 경도를 볼 수 있는 지도와 동서남북의 방향을 안내하는 성능 좋은 나침반입니다. 지금부터 삶의 문법을 바꾸어야 합니다. 왜냐하면 오십은 인생의 전환기이기 때문입니다.

2024년 5월 통계청의 경제 활동 인구 조사에 따르면, 퇴직 평균 나이는 49.3세이고, 퇴직할 때까지 평균 근속 기간은 15년 10개월이라고 합니다. 49.3세, 이 평균 퇴직 나이는 10년간 퇴직자들의 나이를 조사한 후에 산출한 값으로 우리가 알고 있는 법정 정년 나이인 60세와는 다릅니다. 10년이라는 차이가 있었습니다.

퇴사자의 평균 나이가 49.3세라면, 마흔의 끝자락에 퇴사가 걸려 있습니다. 40대는 퇴직이 코앞이고, 30대마저도 서서히 퇴직 준비를 하고 있어야 한다는 말이 됩니다. 20대에 인생의 길을 선택할 때부터 퇴직 이후 삶을 염두에 두어야 한다는 의미입니다. 그런데 현실은 다릅니다. 마흔이 되어도 이런 현실을 이해하기 쉽지 않습니다. 왜냐하면 마흔 초반까지는 선택지가 남아 있어서 안심합니다. 사실 지금 다니고 있던 직장을 그냥 다니는 선택지가 있고, 만약에 사직서를 냈다고 해도 동종 업종으로 이직할 수도 있습니다. 아쉬운 것이 없는 나이입니다. 그러나 40대 후반만 되어도, 오라는 곳은 순식간에 사라지고 없습니다. 여기에 지금 열심히 다니고 있던 직장에서도 나가라는 무언의 압력을 받습니다. 마흔 초반까지가 최소한의 퇴직 준비를 할 수 있는 마지막 기회라고 생각합니다. 여러분이 최소한 퇴직 공부의 마지막 기회를 놓치면, 오십 이후 생활은 가난과 실패로 지옥같이 처참할 수 있습니다. 최소한 마흔 초반부터는 오십 이후 삶을 준비하시길 바랍니다.

서른두 개 우산의 쓸모는 어디에 있는가

2024년 여름에 있었던 '퇴직 이후 삶의 모습'을 보여 주는 일화입니다. 폭우가 시간차로 이어지는 장마철이었습니다. 열대성 폭우처럼 조금도 방심할 수 없는 일들이 순차적으로 일어나는 날씨였습니다. 퇴직 이후에 아침마다 산책을 하고 있습니다. 산책을 나서는 6시에 하늘을 보면서 우산을 집었다가 다시 내려놓고서 나갔습니다. 결론부터 얘기한다면, 그날 말 그대로 온몸이 흠뻑 젖었습니다.

우리 집에 있는 서른 개 넘는 그 많은 우산의 쓸모는 무엇일까요? 비좁은 현관의 서랍장에 꾸역꾸역 비집고 넣어 둔 이유는 폭우가 쏟아지는 오늘 같은 날을 대비하기 위해서였습니다. 그런데 우산이 많아도 전혀 쓸모가 없었습니다.

어떤 물건의 쓸모는 시간과 노력을 기울인 사전 준비가 아닙니다. 그저 어떤 순간의 현명한 선택이 더 쓸모 있습니다. 퇴직의 경우도 유사합니다. 직장인들은 퇴직 이후 삶을 위해서 이것저것 퇴직 준비를 합니다. 그런데 막상 퇴직해서 뒤돌아보니, 그동안 해 왔던 모든 준비물의 쓸모는 찾기 어려울 때가 종종 있습니다. 폭우에 비를 쫄딱 맞고서 많은 우산을 바라보고 있는 저처럼 말입니다.

저는 후회하는 마음을 되짚어 보는 글을 쓰면서 '우산의 쓸모'를 생각해 보았습니다. 퇴직은 장마와 같습니다. 시련의 비가 갑자기 쏟아질 겁니다. 그때 그 시련을 막아 줄 수 있는 우산을 준비하는 것보다는 현명한 선택을 할 수 있는 통찰을 키우는 것이 필요합니다. 그 통찰이 바로 마음의 지도입니다.

그날 저는 흠뻑 젖은 옷, 후덥지근한 기온, 스멀스멀하게 밀려드는 습기를 안고서 지냈습니다. 몸과 마음이 짜증나지만, 꾹 참으며 책상에 앉아서 글을 썼습니다. 글로 마음을 풀어내니, 장마철의 지겨운 빗소리도 조금은 정답게 들렸습니다. 이제는 1년 365일이 장마철입니다. 무거운 짐이 되더라도 우산을 들고 다니세요. 퇴직의 우산을 꼭 준비하세요. 장마철에는 열대성 폭우처럼 쏟아지는 비를 늘 대비하고 있어야 합니다. 조금도 방심해선 안 됩니다.

마흔이 되면서 대체로 똥배가 나오고, 노안과 탈모가 생기기도 하며 몸에 노화가 시작됩니다. 하지만 겉모습만 바뀐 게 아닙니다. 마흔이 되면 서서히 과거에 성공률이 높았던 삶의 문법이 잘 먹히지 않습니다. 그 엄연한 사실을 알아차리지 못합니다. 대체로 오십 중반이 되면 그때 겨우 기존의 문법을 바꾸어야 한다는 것을 깨닫게 됩니다. 장마철에 우산 없이 비를 쫄딱 맞고 나서야 말입니다. 지금 나는 삶의 문법을 다시 세우고 있습니다.

배움의 속도는 느리게, 선택의 폭은 좁게

오십에 만나는 삶의 문법을 새롭게 익히기 위해선 배움과 선택이 필요합니다. 배움의 방법은 몸으로 공부하는 겁니다. 몸으로 공부하는 방법에는 두 가지가 있습니다. 공부 방법의 하나는 곱셈 방식입니다. 다른 하나는 덧셈 방식입니다. 보통 20대와 30대인 젊은 날에는 주로 곱셈 방식으로 증가하는 공부를 하는 거라면, 40대와 50대부터는 곱셈 방식이 아니라 덧셈으로 공부해야 합니다.

마흔 살 이후부터는 지식 하나를 더하는 데도 온 힘을 다해서 집중해야 합니다. 하나를 배우는 데 느리지만, 하나하나가 모여서 차곡차곡 쌓이는 방식으로 공부해야 합니다. 마흔 살부터는 느린 배움이 효과적입니다. 결국 장마철에는 불편하더라도 우산을 꼭 가지고 있어야 합니다.

마흔 살부터는 공부만이 아니라 선택의 방식도 중요합니다. 선택은 철저하게 나눗셈을 가지고 해야 합니다. 젊은 시절에는 다수의 선택지 중에 한두 가지를 빼고 그중 하나를 선택했습니다. 반면에 마흔 이후부터는 선택지를 줄여서 필요한 것만 남기고, 그중 하나를 선택하고 집중해야 합니다. 집에 있는 서른두 개 우산을 반으로 나누고, 다시 또 반으로 나누어서 여덟 개만을 남겨두어야 합니다. 배움은 덧셈으로, 선택은 나눗셈으로, 느리지만 좁게 삶의 지도를 만들어야 합니다.

인생에는 몇 가지 전환점이 있습니다. 젊은 날에는 대학 입학, 취직, 결혼이 대표적인 전환점입니다. 반면에 마흔이 넘어가면, 전환점은 퇴직입니다. 퇴직 이후에 삶의 형태가 급격하게 전환됩니다. 퇴직이라는 전환점을 위한 현실적인 공부와 현명한 선택을 위한 공부가 중요합니다.

02
어설픈 희망보다
땀과 눈물이 다시 필요한 시간

'대한민국에서 퇴직이란 무엇인가?' 말이 가진 의미 그대로 하면 퇴직자들은 다시 피곤하게 된 사람들입니다. '퇴직하다' 동사는 영어로는 'Retire'입니다. 이 Retire를 의미 단위로 분리하면, Re라는 '다시'를 의미하는 접두사와 tire라는 '피곤하다'라는 의미를 가진 형용사로 분리할 수 있습니다. 두 단어를 합해서 보면, 퇴직의 본질적 의미를 찾아낼 수 있습니다. '다시Re'와 '피곤하다tire'의 의미가 결합해서, Retire는 우리말로 '다시 피곤해지다'가 됩니다. 그래서 퇴직자들은 '다시, 피곤한 사람들'입니다. 퇴직자들은 직장을 나와서, 일자리를 잃어버린 사람들입니다. 퇴직자가 되는 순간부터 그들의 인생은 다시 피곤해집니다.

퇴직자들, 다시 피곤한 사람들로 표현하는 말에 많은 사람이 공감하는 이유가 있습니다. 퇴직 이후에 인생은 꽤 고달프기 때문입니다. 월급과 명함, 그리고 인맥으로 안정적인 삶을 살아왔던 직장에서 나와 야생의 정글로 나서는 순간, 보호막이 사라지고 생존을 걸고 뛰어야만 살 수 있는 피곤한 삶이 된 겁니다. 그래서 퇴직의 의미를 다시 피곤한 인생이라고 합니다. 퇴직은 오십 이후 삶의 모양을 가르는 거대한 전환점입니다.

그렇다면 우리는 퇴직으로 인생이 피곤해지지 않도록 무엇을 해야 할까요? 지금부터 그 얘기를 하고 싶습니다. 어쩌면 우리는 인생의 지도를 다시 그리는 일을 해야 합니다. 반딧불이는 완전 변태의 곤충입니다. 반딧불이는 알로 태어나서 알을 깨고 나와 애벌레로 기어 다니다가, 다시 실을 풀어서 고치를 만들고 그 속에서 번데기가 됩니다. 그리고 마침내 번데기에서 고치를 뚫고 나아가 성충인 반딧불이로 완전히 탈바꿈해서 하늘을 훨훨 날아다니는 곤충입니다. 알에서 애벌레로, 애벌레에서 번데기로, 다시 번데기에서 반딧불이로 탈바꿈합니다. 알에서 세 번 탈바꿈하면서 반딧불이로 날아갑니다.

사람들도 반딧불이처럼 때가 되면 탈바꿈해야 합니다. 퇴직자들은 반딧불이에 비유하면 번데기로 고치 속에서 지내는 시간입니다. 그 시간에 완전히 성충으로 탈바꿈을 준비하지 못하면, 쭈글쭈글한 몰골로 고치 속에서 지내다가 죽습니다. 퇴직 이후는 세 번째 탈바꿈의 시간입니다. 물론 탈바꿈의 시간에 고통이 따릅니다. 퇴직자는 겉모습만이 아니라 모든 환경이 변해 버린 세상에서 살아남을 수 있게 탈바꿈해야 합니다. 퇴직은 오십에 겪는 인생 최대 전환점입니다. 49.3세의 비자발적 퇴직은 직장에서 벗어난 것이지 삶에서 완전히 벗어난 것은 결코 아닙니다. 퇴직 이후 고달픈 삶이 지속된다면 엄격한 잣대로 현실의 자신을 되짚어 보아야 합니다.

먼저 머릿속에 남겨진 잡념의 쓰레기부터 싹 비워 버려야 합니다. 지나간 것은 지나간 대로 내버려 두는 겁니다. 직장생활과는 전혀 다른 삶의 법칙이 기다리고 있다는 사실을 알아야 합니다. 퇴직은 게임의 룰이 전혀 다른 그라운드입니다. 직장이 온실이라면, 퇴직 이후는 허허벌판의 야생입니다. 비와 바람을 막아 주는 유리창도 없고, 비료와 퇴비가 깔려 영양분이 풍족한 논과 밭도 아닙니다. 비와 바람이 몰아치고, 모래와 자갈 또는 콘크리트 포장된 도로 위에 생명을 다시 틔우는 일처럼 험난합니다. 그 척박한 환경에서 뿌리를 내리고 꽃을 피워야 합니다. 막연히 잘될 거라는 어설픈 희망보다 이곳에선 오직 나의 땀과 눈물, 그리고 피로 이루자는 각오가 필요합니다.

처음 1년은 직장 경력으로 취업하면 될 거라는 꽤 긍정적인 희망으로 재취업에 나섭니다. 그러나 퇴직 후 마주치는 재취업 시장의 현실은 기대와는 전혀 다릅니다. 재취업은 유니클로 옷에 비교하면 이해가 쉽습니다. 내 몸의 사이즈와 배가 나온 내 스타일에 맞춰서 입는 옷은 유니클로 매장에 없습니다. 마찬가지로 나의 몸집과 경력에 맞는 재취업 일자리도 많지 않습니다. 스스로 가치를 내려놓고 저임금과 더 긴 노동 시간의 덤을 더해야만 겨우 일자리를 얻습니다. 그래서 완벽히 탈바꿈해서 다른 법칙으로 경쟁력을 키워야 합니다.

퇴직자는 어떤 삶의 위치에 있는가

그날 퇴직을 통보받은 순간이 생각납니다. 거대한 파도가 덮쳐오는 느낌이었습니다. 당장 내일 아침에 눈을 뜨면 나는 무엇을 해야 하나 고민이 컸습니다. 마음보다 앞서 내 몸이 먼저 이 지독한 현실에 충격 반응을 보였습니다. 막막한 내일에 대한 두려움으로 몸의 곳곳에 소름이 돋았습니다. 그래도 애써 침착함을 유지하려 했습니다. 내가 떨고 있다는 사실을 그들에게 보여 주기 정말 싫었습니다. 다행히 눈동자와 표정만큼은 평정을 유지했습니다. 직장생활하면서, 늘어난 맷집 덕분입니다. 하지만 피부가 무의식에서 반응하는 소름만큼은 제어할 수 없었습니다. 엄청 피곤한 상황으로 내몰릴 것이라는 예감이 들었습니다. 오래전에 보았던 선배들의 퇴직 장면이 떠올랐습니다. 내 모습과 순간적으로 겹쳤습니다. 저는 침착함을 가장하고 있었지만, 불안에 떨고 있는 퇴직자에 불과했습니다.

오십에 퇴직자로 살아가는 것은 삶의 어떤 위치에 있는 것일까요? 퇴직자는 참으로 애매한 위치에 서 있습니다. 회사에 몸담은 재직자도 아니고, 그렇다고 회사를 잃어버린 실직자도 아니고, 더구나 직업을 내려놓은 은퇴자도 아닙니다. 오십에 퇴직하게 되면, 바로 자기 정체성에 대한 혼란을 겪습니다. 퇴직자의 위치를 정립해야 합니다.

퇴직과 은퇴 사이에 있는 퇴직자는 진화의 증표인 화석입니다. 퇴직자의 모습은 직업 생태계로 접근해 보면 진화의 증거인 시조새와 유사합니다. 보통 우리가 가진 직업 생태계는 다음과 같은 과정을 겪게 됩니다. 회사에 재직자로서 지내다가 오십에 퇴직자가 되고, 한 15년 정도 있다가 65세 이후에 '은퇴자'가 되는 겁니다.

시조새는 파충류에서 조류로 넘어가는 중간 단계입니다. 파충류에 서서히 조류의 특징이 나타나기 시작하는 시기입니다. 시조새의 특징을 보면, 퇴직자의 모습과 유사합니다. 시조새를 통해서 퇴직자의 모습을 살펴볼 수 있습니다.

먼저 시조새의 특징을 살펴보겠습니다. 고대 생물학자는 시조새의 화석을 통해서 진화의 증거를 찾았습니다. 시조새는 파충류와 조류의 특징을 동시에 가지고 있습니다. 그래서 진화적 관점에서는 매우 중요한 화석이라서 조상새라고도 합니다.

시조새는 이빨과 꼬리뼈 및 앞발톱 그리고 공룡과 매우 비슷한 골격이라서 공룡인 파충류의 특징을 보입니다. 반면에 이 시조새는 조류의 특징인 '새의 깃털'을 가지고 있습니다. 시조새의 화석은 공룡과 새의 중간에 해당합니다. 시조새는 새의 기원을 설명해 주는 중요한 열쇠의 역할을 하고 있습니다.

이런 시조새의 특징을 보면 퇴직자의 현실을 발견할 수 있습니다. 퇴직자는 회사원과 은퇴자의 특징을 동시에 가지고 있습니다. 직업의 전환 관점에서 보면 중간 매개체이고, 인생 2막의 관점에서 보면 가장 중요한 시작 지점입니다. 퇴직자의 입장을 시조새와 비교해서 자세히 살펴볼 필요가 있습니다. 시조새는 파충류의 특징을 기지고 있습니다. 마찬가지로 퇴직자도 회사원의 특징을 가지고 있습니다. 마치 시조새가 이빨과 꼬리뼈 및 앞발톱 그리고 공룡과 매우 비슷한 골격으로 이루어진 것처럼, 퇴직자는 회사원의 마인드, 회사원의 생활 태도로 생활합니다. 아직 은퇴자의 특징이 없습니다. 이 시조새는 조류의 특징인 '새의 깃털'을 가지고 있는데, 퇴직자도 기업가의 특징인 '시간과 공간의 자유'만 가지고 있습니다. 그래서 퇴직자는 회사원과 자유인의 중간 단계입니다.

다만 퇴직자가 기업가처럼 날갯짓을 통해 완전한 비행을 하기에 가진 깃털이 충분히 길지 않습니다. 또한 퇴직자는 발의 구조가 기업가와 같이 사업 아이템을 잡을 수 있도록 만들어지지 않았습니다. 사업을 시작하기에 미흡한 부분들이 있습니다. 퇴직자가 가진 깃털의 용도는 그저 생계의 보온 역할을 할 뿐입니다. 퇴직자는 직업의 중간 단계입니다. 빨리 퇴직 이후 직업 생태계에 적응할 수 있어야 합니다.

　퇴직자가 국민연금을 기대하고 미래 준비를 게을리했다면, 정말 실망할 겁니다. 국민연금의 현실은 이렇습니다. 딱 세 가지만 기억하면 됩니다.

　첫째, 국민연금 보험료입니다. 월 소득에 9퍼센트를 냅니다. 둘째, 연금금액입니다. 소득대체율 40퍼센트를 받습니다. 생애소득의 월평균에 40퍼센트를 받는데, 우리나라는 대개 100만 원에서 200만 원 사이가 될 겁니다. 셋째, 보험료 납입 기간과 연금 수령 기간입니다. 보험료는 18세에서 60세까지이고, 연금 수령은 63세부터 사망할 때까지입니다.

　기본 지식을 바탕으로 분석해 보면 국민연금의 문제점은 두 가지입니다. 첫째는 국민연금의 고갈이 일어나는 이유입니다. 둘째, 국민연금을 못 받게 되는 시기입니다.

　국민연금의 고갈이 생기게 되는 이유는 무엇일까요? 모든 문제는 인구 구조에서 비롯됩니다. KDI 국민연금 구조개혁 방안에 따르면, 총인구는 2024년 5,170만 명, 2055년 4,490만 명으로 예상합니다. 중위 인구의 연령은 46.1세이고, 2055년 59.9세로 전망합니다. 생산 연령 인구는 2024년 70.2퍼센트이고, 2055년 50.8퍼센트가 될거라고 합니다. 노인 인구는 2024년 19.2퍼센트이고, 2055년 41.7퍼센트로 전망합니다. 2055년에는 월소득의 보험료 9퍼센트를 내는 생산 연령 인구가 50.8퍼센트이고, 생애 평균 월소득의 40퍼센트를 연금으로 받는 인구 구성비는 41.7퍼센트로 전망합니다. 인구구조 통계로 살펴보면 2055년에는 재정이 고갈될 수밖에 없습니다. 이것은 간단하게 산수만 해도 풀리는 문제입니다.

그럼 어떻게 해야 할까요? 방법은 수학적으로는 하나뿐입니다. 보험료는 올려서 많이 내고, 연금은 내려서 적게 받는 방법입니다. 이것이 가능할까요? 불가능합니다. 그래서 신문지로 위험을 덮어놓고, 문제를 보지 않으려고 고개를 돌리고 있는 겁니다.

국민연금은 언제부터 못 받을까요? 독립변수를 세 가지로 연산해서 결괏값을 찾았습니다. 결론부터 말씀드리면, 2055년부터는 재정 적자로 돌아갑니다. 영원히 마이너스에서 플러스로 돌아오지 못하는 재정 마지노선을 넘기는 시점입니다. 세 가지 변수는 '보험료율', '소득대체율', '노인과 생산인구의 인구 구성비'입니다. 이 세 가지 변화가 없으면, 2055년에 국민연금은 파산입니다.

결국 지금 35세이신 분들은 25년 동안 국민연금 보험료를 월 소득의 9퍼센트를 내고도, 국민연금을 단 한 푼도 못 받을 상황에 놓일 가능성이 큽니다. 어쩌면 65세 이후에 국가 차원의 복지는 기대할 수 없고, 각자도생으로 살아남아야 하는 상황이 될 겁니다. 따라서 지금이라도 최소한 퇴직 공부를 시작해야 합니다.

2장

시간의 효율성을 키우는 '습관 공부'

시간의 효율성을 높이는 방법은 '습관과 몰입'입니다. 먼저 습관은 시간의 길이를 알차게 채워 나가는 방법입니다. 몰입은 시간의 밀도를 높이는 방법입니다. 몰입은 먼저 통제할 수 있는 시간을 묶어서 방해받지 않는 연속된 시간을 확보하는 겁니다. 퇴직 후 삶의 밀도를 높이는 것이 필요합니다. 직장처럼 바로 성과물이 주어지지 않습니다. 가능한 한 번에 한 가지 일에만 매달릴 수 있는 시간을 효율적으로 늘려 가야 합니다.

01
시간을 통제하는
몰입과 좋은 습관

    그리스인들은 시간을 나타내는 말을 카이로스와 크로노스로 나누었습니다. 심리적 시간인 카이로스와 물리적 시간인 크로노스가 상호보완하는 역할을 해서 구분한 겁니다. 카이로스는 '마음의 시간'으로 세상을 어떻게 인지할 것인가를 바라보는 시각이고, 크로노스는 단순한 '물리적 시간'을 가리키는 것으로 자연 현상으로서 시간을 의미합니다. 물리적 현상은 자연 현상으로 흘러가는 겁니다. 그 속에서 우리가 어떻게 삶의 시간을 바라보는가는 대단히 중요합니다. 분명한 건 크로노스를 카이로스로 전환하는 것이 아니라, 카이로스와 크로노스가 각각 우리 삶에 미치는 영향을 이해하고 효율적으로 통제할 수 있어야 합니다. 인간은 시간의 종속물에 불과하지만, 우리가 할 수 있는 각자의 방식으로 주도권을 가지려는 노력이 필요합니다. 그래서 카이로스에는 '몰입'을, 크로노스에는 '좋은 습관'을 부여하는 겁니다.

카이로스는 마음을 통해서 주위 환경을 받아들이고 해석하는 능력입니다. 환경이 마음에 투영되거나, 직접적으로 체험을 통해서 환경 정보를 가질 수 있는 시간을 의미합니다. 우리는 주위 환경의 정보를 뇌로 인식합니다. 주위 환경에 대한 정보를 전달받고 해석하는 작업을 통해 인지적 시각을 가질 수 있습니다. 반면에 크로노스는 사물의 변화를 인식하기 위한 개념입니다. 과거에서 현재로, 현재에서 미래로 이어지는 명백히 불가역적인 흐름입니다. 시간은 1차원의 불가역성이 그 특징이며 3차원의 공간과 불가분한 통일을 이루어 4차원의 시간과 공간을 구성하고 있습니다. 결국 크로노스는 빠져나가는 물과 같습니다.

우리가 시간을 바라보는 관점을 세분화하고, 그 영역의 역할을 강화해야 합니다. 카이로스는 의미 단위로 마음에서 받아들이는 시간입니다. 반면에 크로노스는 달력이나 시계로 측정하는 물리적 시간입니다. 우리가 시간을 효율적으로 관리하는 방법을 이 시간 개념에 근거를 두고 찾아야 합니다. 물리적 시간을 내 편으로 만들려면 반복되는 시간의 최소 단위인 하루를 '습관'으로 정렬해야 합니다. 수면과 기상 습관, 식사와 운동 습관 등을 반복되는 최소 단위에 하루를 맞추어 습관을 만드는 겁니다. 8시간 수면, 오전 5시 기상, 8시 아침 식사, 12시 점심 식사 등 습관적 행동으로 진행하는 겁니다. 사람들의 행동은 충동, 루틴, 습관, 본능이라는 단계를 거쳐서 이루어집니다. 결국 크로노스의 시간을 통제하는 가장 효율적인 방법은 '좋은 습관'을 가지는 겁니다.

반면에 심리적인 시간을 통제하는 방법은 '몰입'입니다. 마음의 시간은 몰입으로 결정됩니다. 물리적인 시간이 의식하지 못할 정도로 집중해서 몰입하는 순간에 심리적 시간은 흘러갑니다. 몰입으로 집중하면 할수록 우리가 심리적 시간을 통제하는 겁니다.

오십 이후에 퇴직자로 살아간다면, 시간을 효율적으로 통제하는 자기만의 시간 관리 방식이 있어야 합니다. 그러려면 물리적 시간을 효율적으로 통제하는 '좋은 습관'과 심리적 시간을 효율적으로 통제하는 '몰입' 능력이 있어야 합니다. 좋은 습관은 행동을 통해서 물리적 시간 위에 쌓는 것이라면, 몰입은 세상을 인식하면서, 외부가 아니라 내부로 향하여 마음의 바닥에 침전되는 겁니다. 퇴직 이후 삶에서 좋은 습관과 몰입 능력은 꼭 필요한 삶의 도구입니다.

02
인생을 단 하루처럼 살아라

우리는 처한 상황을 똑바로 인식하고 살아가야 합니다. 그러기 위해선 먼저 우리가 처한 삶의 모양을 똑바로 바라보아야 합니다. 바로 그저 그런 하루 일상을 받아들일 수 있는 마음의 준비가 되었는지 살펴야 합니다. 그제와 다르지 않은 어제, 어제와 다르지 않은 오늘, 오늘과 다르지 않을 내일. 우리는 비슷비슷한 일상을 반복하면서 살아갑니다. 전혀 다르지 않은 하루하루가 우리 삶 앞에 놓여 있습니다.

우리는 그저 그런 날들을 완벽한 하루였다고 말할 수 있나요? 저 또한 그렇게 말할 수 없습니다. 우리 삶에서 완벽한 나날들이 어떤 모습인지 깨닫게 해 준 영화가 있습니다. 바로 〈퍼펙트 데이즈Perfect Days〉라는 영화입니다. 영화를 본 후, 오랫동안 의자에 앉아 있었습니다. '삶에서 완벽한 나날들은 저런 모습이구나'라는 생각을 했습니다. 어떤 나날들을 완벽하다고 표현할 수 있을지, 그 영화를 보고 나서 정의를 내릴 수 있었습니다. 물론 영화라서 그런 완벽한 나날들이 가능했는지도 모릅니다. 하지만 영화로 그려 낸 모습을 보는 것만으로 위로가 되고 통찰을 얻을 수 있었습니다.

요즘 저는 종종 갑자기 걷잡을 수 없는 공포에 사로잡힙니다. 더는 완벽한 날을 살아갈 기회를 붙잡을 수 없다는 불안입니다. 불안은 남아 있는 삶에서 완벽한 나날을 붙잡지 못하는 기회의 박탈입니다. 그 불안을 안고 보내는 하루는 지옥입니다. 완벽한 날을 가질 수 없다는 것이 더욱 완벽한 날을 추구하는 욕망을 부채질하게 만듭니다. 하지만 그 공포로부터 달아나는 방법은 의외로 간단합니다. 그냥 오늘을 사는 겁니다. 오늘은 어제와 다르지 않고, 그제와 다르지 않습니다. 오늘도 똑같은 하루입니다. 그런 오늘이 바로 내 생애 최고의 날입니다. 시간을 통제하는 가장 위대한 방법은 바로 오늘을 사는 겁니다.

03
매일 조금씩 만드는 좋은 습관

우리 삶은 어떻게 구성되어 있다고 생각하세요? 특별한 것이 있나요? 없습니다. 오늘도 어제와 다르지 않고, 내일도 오늘과 다르지 않을 겁니다. 작고 사소한 일상이 이어지는 나날입니다. 그런 삶을 어떻게 변화시킬 수 있을지 답답합니다. 그때 번뜩하고 다른 생각 하나가 떠올랐습니다. 우리의 사소한 일상에서 변화를 이끌어 가는 것도 아주 작은 가능성을 만드는 것이라는 생각입니다. 우리 일상에서 변화를 만들고 싶다면 미국 최고의 자기계발 전문가 제임스 클리어가 《아주 작은 습관의 힘》에서 말한 '습관 하나로 인생을 바꾸는 노하우'가 필요한 겁니다.

퇴직 이후 일상도 사소함의 연속이라는 점에서 다르지 않습니다. 아니, 더욱더 퇴직 전보다 변화가 없는 생활의 연속입니다.

그런 일상에 변화를 만들 방법을 고민하고 있습니다. 그래서 제 삶을 변화하기 위한 '아주 작은 습관의 힘'을 소환했습니다. 제가 매일 실천하는 아주 작은 습관을 모아서 삶을 변화시키고 싶었습니다. 퇴직하고 4년 정도 지나면서 조금씩 변화의 기미가 보이고 있습니다.

습관은 시간을 내 편으로 만드는 방법입니다. 지금도 아주 작은 습관을 통해서 저만의 최고 변화를 만들려고 애쓰고 있는데, 그중 하나가 글쓰기입니다. 한 달 동안 하루 한 편의 글을 쓰겠다고 스스로 약속했습니다. 짧은 글이라도 반드시 한 편을 채우겠다는 마음이었습니다. 단, 세 줄이라도 쓰자고. 한 달 정도를 해 보면서 좋은 습관의 힘이 얼마나 대단한지 알 수 있었습니다.

작은 습관이 만드는 복리의 마법

세상에서 가장 어려운 것은 지치지 않는 '꾸준함'입니다. 매일매일 반복하는 것이 어렵고도 위대한 일입니다. 이것을 할 수 있게 도와주는 것이 바로 습관입니다. 일상의 아주 작은 습관의 위대함을 깨닫습니다.

제가 왜 이렇게 매일 글을 쓰려고 할까요? 가장 큰 이유는 여기에 있습니다. 글은 나를 비추는 가장 선명한 거울이기 때문입니다. 제가 어떤 모양의 삶을 살고 있는지 보여 주는 것은 눈앞에 거울이 아니라 마음을 비추는 글입니다. 하루에 적어도 한 번 이상은 거울에 얼굴을 비추면서 매만지는 것처럼 하루 한 번 정도는 글로써 삶과 마음을 비추는 습관이 저를 성장시킵니다.

　매일 글쓰기가 중요한 이유는 또 있습니다. 우리 삶은 한 편의 드라마처럼, 분절되어 기승전결로 구성되지 않습니다. 시간과 공간에 의해서 나누어지지 않고 연속적으로 흘러갑니다. 그 연속성 속에서, 거울 속에 비치는 찰나의 '나'는 '나'라고 규정할 수 없습니다. 거울은 연속성 속에 있는 모습을 비추지 못하고 그저 순간의 겉모습만 비추는 겁니다. 반면에 글쓰기는 찰나의 존재가 아니라 삶 속에 존재하기 때문에 마음을 비출 수 있습니다.

　우리가 하는 행동에는 단계가 있습니다. 먼저 1단계는 의지로 하는 행동입니다. 평소에 아침 7시에 일어나던 사람이 아침 5시에 일어나겠다고 하면, 자명종 시계를 5시에 맞춰서 알람이 울리면 일어날 겁니다. 하루 이틀을 이렇게 하면 이것은 의지로 하는 행동입니다. 2단계는 루틴 행동입니다. 만약에 이 사람이 5시 기상하는 것을 3개월 정도까지 이어 갑니다. 그러면 이 행동은 의지 행동에서 루틴 행동이 됩니다. 루틴 행동이 2단계입니다. 3단계는 습관 행동입니다. 이 사람이 5시 기상을 3년간 해서, 5시만 되면 눈이 떠지는 정도가 되었을 때 5시 기상은 습관 행동입니다. 4단계는 본능 행동입니다. 그런데 만약에 이 5시 기상을 30년간 한다면, 이 5시 기상은 본능 행동이 됩니다. 이렇게 행동은 의지에서 시작하여 루틴을 거쳐서 습관이 됩니다. 습관과 본능은 뇌의 통제가 없이 자동으로 일어나는 행동입니다. 습관이 행동으로 이어져 생활 체계를 구축하면 시간을 내 편으로 만들 수 있습니다.

누구나 아주 작은 습관이 만드는 복리의 마법을 경험했을 겁니다. 하루에 1퍼센트만 성장해도 1년 후에는 서른여섯 배 성장한 자신을 볼 수 있습니다. 자기만의 시간을 자기 편이 되게 하는 습관을 만드는 법이 있을 겁니다. 자기만의 습관을 만들려면 행동하는 이유를 명확하게 해야 합니다. 예를 들어, 하루 한 편의 글을 쓰는 습관을 만든다면 글쓰기를 통해서 '자신의 일상'을 구체적으로 들여다보는 이유를 분명하게 정합니다. 글이 가진 반성의 힘을 이용할 수 있기 때문입니다.

아주 작은 습관이 극적인 변화라는 결과를 만들어 내기 위해서는 네 가지 법칙이 필요합니다.

첫째, 습관이 분명해야 합니다. 습관은 작고 세부적이면서도 좋은 행동을 유발하는 구체성을 가지고 있어야 합니다. 둘째, 습관은 매력적이어야 합니다. 어떤 행동을 습관으로 만들려면 마음을 사로잡는 매력이 있어야 합니다. 셋째, 습관은 쉬워야 합니다. 습관은 유치원생도 따라 할 수 있게 쉬워야 하고, 과정이 단순해야 지속할 수 있습니다. 넷째, 습관은 만족스러워야 합니다. 습관은 재미와 보상이 있어서, 만족감을 가져다주어야 즐겁게 할 수 있습니다.

"100번만 반복하면 그게 당신의 무기가 된다"라고 합니다. 제 삶을 뒤돌아보아도 '습관'은 중대한 역할을 했습니다. 좀 더 깊게 들여다보면 인생을 살아오면서 만났던 가장 위대한 스승은 '반복'이었습니다. 그 반복을 가장 효율적으로 만들어 주는 조력자가 바로 '아주 작은 습관'이었습니다. 성공하는 사람이거나 억만장자 부자이거나, 그들의 일상을 돋보기로 들여다보면 그들만의 아주 작은 습관이 있었습니다. 은퇴 이후 시간의 통제권을 가지고 주도적으로 살려면, 나만의 아주 작은 습관을 가지고 있어야 합니다.

습관은 삶의 원자들과 같다.
하나하나가 전체적인 개선을 이끄는 기초 단위들이다.
이런 자잘한 일상의 행위들은 대수롭지 않아 보이지만,
하나하나 쌓아 나가면 초기에 투자한 비용을
훨씬 웃도는 수준으로 커져서 거대한 승리의 연료가 된다.
그것은 작지만 강하다.
정기적인 실행 또는 일상적인 행동들은
작고 실행하기 쉬울 뿐만 아니라 힘을 내는 근원이다.
시스템의 한 구성 요소로서 성장을 이끈다.

— 제임스 클리어, 《아주 작은 습관의 힘》 중에서

04
뿌리가 튼튼한 사람으로 만드는
생활 루틴

제가 직장생활을 통해서 배운 것을 꼽으라고 하면, 주저함 없이 '생활 루틴'이라고 말합니다. '생활 루틴'을 지키는 하루가 어떤 위대한 성과로 연결되는지 직장생활을 통해 터득했습니다. 물론 회사가 가르쳐 준 것이 아니라 스스로 직장생활에 적응하는 과정에서 배운 겁니다. 회사는 이런 생활 지혜를 친절하게 설명해 주는 곳이 아닙니다.

직장생활은 자의가 아닌 타의로 강제된 시간 관리를 해야 합니다. 이렇게 강제된 생활 속에서 저는 자발적으로 삶의 루틴을 만들었습니다. 제 루틴은 이렇습니다. 하루 루틴이 시작되는 것은 전날 밤부터입니다. 전날 밤 11시에 잠자리에 들기 전 세수를 합니다. 세수 후에는 11시 30분까지 책을 읽다가 침대에 눕습니다.

침대에 누워서 그날 하루의 일과를 머리로 정리하고, 내일의 큰 계획을 그려 놓습니다. 그리고 잠이 듭니다. 다음 날 아침 정각 5시에 일어납니다. 눈을 뜨자마자 바로 양치질을 한 후 옷을 입고는 집을 나섭니다. 헬스클럽에 가서 바로 아침 운동으로 하루를 시작하고 출근합니다.

이것이 내 하루의 생활 루틴입니다. 생활 루틴은 밤에서 아침으로 이어지는 하루의 끝과 시작하는 순서로 간결하고 명확한 행동을 할 수 있게 정했습니다. 때로는 모임이나 야근으로 시간이 늦어지더라도, 최소한 약식으로 이 생활 루틴을 지킵니다. 약식으로 진행한 저녁에는 더욱 철저하게 루틴을 지켜서 바로 루틴의 리듬을 회복합니다. 휴일도 예외는 없습니다. 하루에 충실할 수 있는 생활 루틴입니다.

'루틴Routine'의 사전적 의미는 규칙적으로 하는 일의 통상적인 순서와 규칙을 뜻합니다. 스포츠에서 이 단어를 자주 사용합니다. 골프를 시작하면서 루틴의 의미를 명확하게 이해할 수 있었습니다. 구체적인 시간 계획을 짜서 생활 루틴을 만든 계기가 있습니다. 야구나 골프 같은 종목에서는 경기 전후의 루틴이 중요합니다. 모든 운동은 준수해야 할 규칙이 있습니다. 선수는 규칙 내에서 적합한 동작을 가장 효율적으로 수행해야 합니다. 예를 들면 골프에서 스윙이 있고, 야구에서 타격과 투구가 있습니다. 선수는 이 동작을 제대로 해야 경기에서 승리할 수 있습니다. 그래서 선수는 자기 신체를 경기 방식이 요구하는 대로 정확하게 움직이도록 행동 근육을 만듭니다.

운동 선수들은 신체가 경기에 적합하게 움직이도록 매일 반복해서 연습해야 합니다. 경기가 시작되는 순간 한정된 시간과 공간, 그리고 한정된 규칙에 운동 기술을 적용할 수 있어야 합니다. 승리는 연습만으로 얻을 수 없습니다. 왜냐하면 경기 중에는 다양한 변수가 있고, 그 위기의 순간에 몰입을 만들어야 하기 때문입니다. 경기에서 '일본 야구 영웅' 스즈키 이치로 선수처럼 위대한 기록을 만들려면 타고난 재능과 피나는 연습 외에도 자신만의 루틴을 가지고 있어야 합니다. 이치로 선수는 매일 같은 시각에 일어나고, 같은 순서로 연습한다고 합니다. 그는 경기 시작 5시간 전에 경기장에 도착해서 시합에 앞서 같은 동작으로 몸을 풉니다. 이렇게 몸의 근육이 기억하도록 루틴을 만들어 주는 것입니다. 그 덕분에 실전에서 그 능력을 100퍼센트 발휘할 수 있었다고 합니다. 운동 선수의 루틴처럼 저도 하루의 일과에 나만의 생활 루틴을 지키려고 합니다.

생각의 근육을 강화하는 루틴의 힘

일과의 루틴을 철저하게 지키면서 살아가야 명료한 생각을 할 수 있습니다. 철학자 임마누엘 칸트는 비가 오나 눈이 오나 매일 오후 4시면 똑같은 길을 산책했습니다. 시계보다 정확하게 지킨 루틴의 힘 덕분에 그의 생각을 체계적으로 쌓으며 철학을 집대성할 수 있었습니다.

칸트의 산책은 완전한 사색의 시간이었습니다. 그 시간만 되면 그의 머리는 자동으로 생각 모드가 되어서, 철학적 깨달음을 얻을 수 있었습니다. 그만큼 같은 시간에, 같은 장소를 무수하게 반복해서 산책하는 것은 뇌과학의 측면에서도 탁월한 성과를 만들어 냅니다. 칸트의 생활 루틴이 그의 철학적 생각의 근육을 강화했습니다.

퇴직 이전에 월급쟁이들도 칸트나 이치로처럼 생활의 루틴을 만들어야 합니다. 하루는 24시간이 계속 반복됩니다. 그 반복 속에 자기만의 생활 루틴을 통해서 삶의 충실함을 높여야 합니다. 시간에 따라 생각의 근육이 움직이도록 해야 합니다. 몸의 근육처럼 생각의 근육도 일정한 패턴이 습관화되어야 자연스럽게 행동하게 됩니다.

루틴으로 꽉 짜인 하루의 습관이 내가 무엇이든 지속할 수 있는 체력입니다. 삶을 탈바꿈하기 위해선 체력이 필요합니다. 루틴을 통해서 삶의 체력을 단단하게 길러야 합니다. 평범한 월급쟁이가 퇴직 후에 베스트셀러 작가로 탈바꿈한 비법은 바로 루틴입니다. 루틴이 곧 삶의 체력입니다.

05
시간을 우군으로 만드는 법

좋은 습관은 시간을 우군으로 만들 수 있는 가장 좋은 방법입니다. 좋은 습관을 지녔을 때 우리 삶이 얼마나 윤택해지고 또 보다 나은 생활로 개선해 갈 수 있는지 알아야 합니다. 가장 효율적인 시간 관리는 생활 습관에서 시작하는 겁니다. 우리 삶의 기준은 다양합니다. 행복, 성공, 시간, 자아 등이 있습니다. 그중 시간 관점에서 좋은 습관이 무엇보다 중요합니다.

저는 퇴직 이후 시간 여유가 고통이 될 수 있음을 알았습니다. 효율적인 시간 관리법에 대해서 관심을 기울이게 된 이유는 퇴직 후에 시간 관리가 어렵기 때문입니다. 효율적인 시간 관리를 하려면 좋은 습관이 필요합니다.

직장생활에 충실하게 따라야 하는 월급쟁이는 시간의 여유를 모릅니다. 월급쟁이는 회사가 정한 규정을 따라가야 합니다. 출근과 퇴근 시간을 어기면 욕먹는 회사 중심의 시간을 보냅니다. 대부분 월급쟁이는 이런 기본적인 직장생활을 20년 이상 해 왔습니다. 그런데 갑자기 퇴직합니다. 시간에 쫓기던 사람이 퇴직 후에 스스로 관리할 시간이 한꺼번에 너무 많이 생기면 큰 혼란에 빠집니다.

퇴직 후에 시간 관리를 어떻게 하는 게 좋을까요? 무수하게 주어진 이 시간을 어떻게 적군이 아니라 우군으로 바꿀 수 있는지를 고민해야 합니다. 최소한 시간을 나의 우군으로 만들지 못하더라도 적군으로 만들어서는 안 됩니다. 많은 고민이 필요합니다. 그 고민 속에서 시간을 내 편으로 만들 수 있는 방안으로 떠오른 것이 바로 '좋은 습관'입니다. 퇴직 이후에는 좋은 습관을 지니기 위한 큰 노력이 필요합니다. 퇴직자들에게 특히 이 점을 다시 한번 강조하고 싶습니다.

나쁜 습관을 줄이면 좋은 습관이 된다

습관에는 두 종류가 있습니다. 좋은 습관과 나쁜 습관입니다. 그렇다면 어떤 습관이 좋은 습관이고 어떤 습관이 나쁜 습관일까요? 좋은 습관과 나쁜 습관의 특징을 비교해 보면서 퇴직자에게 어떤 습관이 필요한지 살펴보겠습니다.

첫째, 생각이 지나치게 많은 것은 나쁜 습관입니다. 우리는 꼬리에 꼬리를 물고 이어지는 생각 속에 매몰되어 지내기 일쑤입니다. 생각이 지나치면 걱정과 불안에 빠집니다. 반대로 좋은 습관은 단순 명료하게 생각하는 겁니다. 단순 명료할수록 행동으로 연결됩니다. 그래서 지나치게 많은 생각에 빠져 지내지 않도록 생각을 정리하려는 노력이 좋은 습관을 만드는 토대가 됩니다. 시간을 갉아먹는 걱정과 불안을 뽑아내는 것이 좋은 습관을 만드는 방법입니다.

둘째, 좋은 습관과 나쁜 습관을 가르는 기준 중에 수면이 있습니다. 나쁜 습관은 불규칙한 수면입니다. 왜냐하면 불규칙적으로 잠을 자다 보면 나쁜 습관이 내 몸에 배게 됩니다. 불규칙한 수면 시간은 몸과 마음을 망가뜨리는 주범입니다. 예를 들어, 저녁 10시에 잠자리에 들고 새벽 5시에 일어납니다. 이렇게 정해진 시간에 규칙적으로 자고 일어나면 좋은 습관을 몸에 익힐 수 있습니다.

셋째, 식습관입니다. 정크푸드 섭취는 나쁜 습관이 될 가능성이 큽니다. 음식물을 가려서 먹는 것만으로도 좋은 습관을 지닐 수 있습니다. 정크푸드와 건강에 좋지 않은 자극적인 음식을 계속 먹다 보면, 우리 식욕은 더 강한 자극을 갈구하게 되고, 그렇게 길들여진 입맛은 나쁜 식습관으로 이어집니다. 가능한 자극이 없는 자연식으로 먹어야 합니다.

물을 마시는 습관을 갖는 게 좋습니다. 충분한 수분 섭취는 우리 몸의 건강 상태를 유지하게 합니다. 항상성을 가지면서 나쁜 습관으로 빠질 위험성이 줄어들게 됩니다. 좋은 습관을 지닐 수 있도록 규칙적으로 물을 마시며 수분 섭취를 충분하게 해 주는 것이 중요합니다.

움직이지 않고 편안함만을 추구하려고 한다면 나쁜 습관이 생활 속에 굳어지게 됩니다. 예를 들어 거실 소파에 누워만 있거나 스마트폰을 보고 있는 것은 나쁜 습관입니다. 지속적인 활동을 통해서 몸의 활력을 불어넣어야 합니다. 한쪽으로 계속 누워만 있는 환자에게 발생하는 피부병을 욕창이라고 합니다. 사람은 움직이는 활동을 하도록 만들어졌다는 사실을 명심해야 합니다. 인간은 본성적으로 편안함을 추구하게 될 수밖에 없습니다. 그래서 앉아 있거나 누워 있는 시간이 늘어나면 나쁜 습관으로 자리 잡는 지름길입니다. 좋은 습관을 만들려면 되도록 많이 움직이고 부지런히 활동량을 늘려야 합니다.

넷째, 과거에 대한 지나친 후회는 나쁜 습관입니다. 반성은 좋은 습관을 만드는 자극이지만, 후회는 현재의 시간을 낭비하는 독으로 쓸모없는 시간을 잡아먹는 귀신입니다. 지나치게 후회하는 나쁜 습관을 지닌 사람들은 과거 속에 붙들려 있고, 반성하는 좋은 습관이 생긴 사람은 과거의 후회보다 미래로 나아가는 삶을 살아갑니다. 더 나은 삶을 위해 무슨 일을 할 것인지 생각하면서 과거를 후회하는 나쁜 습관을 치워 버려야 합니다.

다섯째, 정리 정돈입니다. 좋은 습관을 지니기 위해서는 주변 정리가 꼭 필요합니다. 나쁜 습관을 지닌 주변 사람을 멀리하는 것도 정리 정돈 중 하나입니다. 예를 들어, 지나친 음주나 흡연하는 주변인은 정리해야 합니다. 그런 사람들이 옆에 있게 되면 자신도 모르게 나쁜 습관에 물듭니다. 다음은 부정적인 생각과 말을 하는 주변인도 멀리해야 합니다. 나쁜 습관을 지닌 주변인을 멀리해야만 좋은 습관을 유지할 수 있습니다.

여섯째, 자주 화내는 것도 나쁜 습관입니다. 감정의 나쁜 습관을 지닌 사람 중에 버럭 화내는 이들이 있습니다. 쉽게 화내는 나쁜 습관은 감정에 스며듭니다. 분노를 억제하는 자제력이 좋은 습관으로 이어지는 토대입니다. 버럭 화를 내는 감정의 습관에 빠져들지 않도록, 분노 방어 기제를 가지고 있어야 합니다. 화가 나면 마음속으로 숫자를 세는 것도 화를 억제하는 방법입니다.

일곱째, 나쁜 습관을 지닌 사람들의 특징은 한 번에 많은 일을 하려고 합니다. 이것저것 하면서 하나의 일도 제대로 처리하지 못하는 경우가 많습니다. 좋은 습관을 지닌 사람은 한 번에 하나의 일을 즉시 처리합니다.

이렇게 나쁜 습관을 줄이거나 바꾸면 좋은 습관이 될 수 있습니다.

06
나만의 좋은 습관을 만드는 기본기

아무리 좋은 습관이라도 나한테 적합하지 않으면 좋은 습관이라고 할 수 없습니다. 자기한테 적합한 습관은 무엇일까요? 좋은 습관이 무엇인지 찾는 것이 아니라 좋은 습관을 만드는 기본을 갖추는 겁니다. 좋은 습관은 어떤 사람이 가지고 있을까요? 한마디로 하면, 좋은 습관을 지닌 사람은 지루함을 견딜 수 있습니다. 그러면 나쁜 습관을 지닌 사람은 어떤 사람일까요? 지루함을 견디지 못하는 사람입니다. 좋은 습관을 지닌 사람의 특징은 다음과 같습니다.

첫째, 좋은 습관을 만들려면 매일매일 반복되는 지루한 시간을 견딜 수 있어야 합니다. 그런 사람만이 좋은 습관을 지닐 수 있습니다. 바뀔 수 있는 생활 방식이 자신에게 좋은 습관으로 작용할 수 있도록 해야 합니다.

둘째, 좋은 습관을 지닌 사람은 여행가처럼 행동합니다. 여행가는 여행지를 방문하기 전에 여행 계획을 세우고 그것에 맞춰서 무엇을 할지 명확한 목표를 가지고 있습니다. 반면에 나쁜 습관을 지닌 사람은 관광객처럼 하루를 스쳐 지나가듯이 살아갑니다. 오직 주변인처럼 눈으로만 지켜보려고 합니다. 이런 관광객이라면 나쁜 습관이 몸에 배게 되고, 자기 안에 좋은 습관을 만들어 낼수 없습니다.

셋째, 좋은 습관을 지닌 사람은 시간을 관리하고, 나쁜 습관을 지닌 사람은 시간에 끌려다닙니다. 좋은 습관을 지닌 사람은 미래 전략과 비전을 위한 계획을 세우고, 나쁜 습관을 지닌 사람은 과거 중심적이라 사소한 것에 흔들리며 감정을 낭비합니다.

넷째, 좋은 습관을 만든 사람은 질을 먼저 생각하고 성공보다는 행복한 삶을 추구하며 살아갑니다. 그래서 결과보다 과정을 중시합니다. 반면에 나쁜 습관을 지닌 사람은 양을 중요하게 생각하며 결과에 집착하다 보니까 과정을 무시합니다.

3장

신체의 건강을 위한 '체력 공부'

오십 이후 삶의 경쟁력은 체력입니다. 체력이 약하면 피로감을 견디지 못해서 편안한 것만 찾게 됩니다. 특히 마흔 이후에 신체적 변화 현상, 즉 노화가 서서히 시작되면 체력이 약해질 수밖에 없습니다. 오십 이후 고민을 충분히 견뎌 줄 몸을 만들려면 체력을 길러야 합니다. 체력 없이는 그 무엇도 할 수가 없습니다. 먼저 체력을 기르기 위해선 세 가지가 필요합니다. 첫째는 식단이고, 둘째는 운동이고, 셋째는 숙면입니다.

01
라면까지 끊은 식단 관리

퇴직자는 건강 관리가 중요합니다. 특히 퇴직 후에 건강을 잃고 나면, 바로 인생이 나락으로 떨어집니다. 건강 관리를 위해 알아야 할 것이 있습니다.

첫 번째, 질병에 관한 건강 상식입니다. 2020년 통계청 자료에 의하면, 암의 발병률은 특이하게 50대부터 증가합니다. 2020년 기준, 연령별 암 발병률을 보면 40대 초반 1만 2,184명, 50대 초반 2만 1,069명, 60대 초반 3만 1,990명입니다. 40대보다 50대가 1만 명가량 많고, 50대보다 60대가 1만 명이 많습니다.

퇴직 이후에는 암이 발병하면, 여러 가지 문제가 겹쳐서 옵니다. 직장에 다닐 때, 암이 발생하면 치료받으면서 근무하는 편의를 누리기도 합니다. 하지만 퇴직 이후에 암 등의 질병이 발생하면, 오로지 혼자서 책임을 져야 합니다. 질병 중에서 암에 대한 건강 상식이 필요한 이유입니다. 특히 가족력이 있는 경우에는 정기적인 건강 검진을 퇴직 이후에도 받아야 합니다.

둘째, 노화의 속도입니다. 오십 이후에 노화의 속도가 급격하게 증가합니다. 특히 여성은 폐경과 맞물리면서, 신체적 노화가 빠르게 일어납니다.

노화의 특징은 세 가지입니다. 첫째는 신체 구조와 기능이 쇠퇴해서 활력을 잃어버립니다. 둘째는 질병에 대한 저항력이 약해집니다. 예를 들면, 앞서 말했던 암 발병률이 대표적입니다. 셋째는 신체 기관, 세포와 생체시스템의 기능이 쇠퇴합니다. 이런 현상이 50대 이후에 급격하게 진행됩니다. 이에 따라 가족과 사회에서 해야 할 역할에 변화가 일어납니다.

퇴직 이후 다른 무엇보다 건강 관리가 중요한 이유입니다. 저는 퇴직 이후에 꼭 필요한 것을 꼽으라고 하면 1순위로 건강을 이야기합니다. 물론 가족도 돈도 중요합니다. 하지만 그 모든 것보다 건강이 최우선입니다. 이런 말이 있습니다. "돈을 잃으면 우리는 욕망을 잃습니다. 가족을 잃으면 행복을 잃습니다. 건강을 잃으면 생명을 잃습니다. 생명을 잃으면 모든 것이 사라집니다." 그래서 특히 퇴직자는 건강을 챙겨야 합니다.

저는 라면을 무척 좋아했습니다. '좋아했었습니다'라고 서술어를 사용하는 데는 이유가 있습니다. 지금은 라면을 먹지 않기 때문입니다. 그렇게 좋아했던 라면을 끊었습니다. 먹고 싶어도 정말 꾹 참고 있습니다. 바로 건강한 식단을 유지하기 위함입니다. 건강한 식단은 체력 관리에 가장 중요한 축입니다.

라면을 끊으며, 더불어 두 가지 식단을 바꾸려고 합니다. 체력 관리를 위해서, 저는 '3NO' 운동을 하고 있습니다. 3NO란 'No Instant, No Alcohol, No Dinner'입니다.

첫째, 'No Instant'입니다. 인스턴트 음식인 라면, 햄버거, 콜라, 치킨, 과자는 절대로 먹지 않겠다는 다짐이 'No Instant'입니다. 저는 탄산음료나 감자칩 같은 과자나 햄버거 같은 패스트푸드는 참을 수 있습니다. 반면에 라면만큼은 참기 어렵습니다. 특히 밤에는 출출하면 반드시 식욕이 폭풍처럼 일어나서 충동을 억제하기가 힘듭니다. 라면은 내 인생의 곳곳에 맛과 기억으로 깊게 배인 추억의 음식이기도 하기 때문입니다. 그러나 오십이 넘고 나니, 뱃살이 세 겹으로 잡혀서 라면을 끊어버리는 특단의 조치가 필요했습니다.

둘째. 'No Alcohol'입니다. 술은 술 자체의 문제 때문이 아닙니다. 음주 이후에 생기는 식욕 때문입니다. 술은 라면이나 치킨처럼 자극적인 음식에 대한 욕구를 유발합니다. 또한 술의 열량이 높고, 같이 먹는 안주가 그 열량을 부채질하기 때문에 건강 식단을 위해선 금주가 필요합니다.

셋째. 'No Dinner'입니다. 저녁 식사는 오후 6시 이후에 먹는 식사를 말합니다. 오후 6시 이후에 먹는 음식은 몸의 움직임이 없어서 소화기관에 부담을 줍니다. 오후 6시 이전에 식사를 마치는 것이 신진대사에 좋습니다.

지금 저는 'No Alcohol, No Dinner, No Instant'를 지키고 있습니다. 이번 각오의 성공 여부는 라면의 절제에 달려 있습니다. 3NO 운동은 단순하게 외모 변화를 위해서 몸무게를 줄이고자 하는 것이 아니라 오십 이후 건강한 몸을 유지하자는 것이 목표입니다.

02
저속 노화를 위한 운동 관리

노후 생활에서 있어 가장 문제가 될 것으로 예상되는 것은 신체적 건강 문제라는 노후 생활 관련 연구 결과가 있습니다. 이렇게 노후 대책을 세울 때 가장 비중을 두어야 할 부분이 건강임에도 불구하고, 실제로는 노후 건강을 위해 특별한 준비를 하지 않는다고 합니다. 사실 노화는 갑자기 일어나는 것이 아니라 마흔 이후에 서서히 시작되었다가 예순에 이르면 빠른 속도로 진행됩니다. 노화는 한번 진행되면 되돌릴 수 없는 신체적 변화 현상입니다. 그래서 노화를 늦출 수 있는 마지막 시간은 예순입니다. 예순 이전에 건강한 식단, 적절한 운동, 숙면을 지키는 건강한 생활 습관이 중요합니다.

우리가 노인이 되면, 건강을 되돌릴 수 없습니다, 그래서 건강할 때 건강을 지키지 못한 것을 후회하는 사람이 많습니다. 지난 날을 돌아보면서 몸의 건강 때문에 가장 후회하는 것이 무엇일까요? 노인이 되었을 때 건강 관리에서 가장 후회하는 일이 세 가지라고 합니다. 1위는 '건강할 때 운동하지 않은 것'이고, 2위는 '평소에 식단 관리하지 않은 것'이고, 3위가 '규칙적인 생활을 하지 않은 것'을 꼽았습니다.

건강할 때부터 해야 하는 운동

몸이 건강하지 못하면 일상이 망가집니다. 건강을 지켜야 하는 이유입니다. 아내가 몸살감기에 걸렸습니다. 처음에 가벼운 목감기였는데, 카페에서 에어컨 바람을 쐬면서 몸살감기로 진전된 것입니다.

감기 걸린 아내를 보살피다 보니 아침 루틴과 함께 생활의 리듬도 깨져 버렸습니다. 아내 역시 신체 리듬과 생활의 리듬도 완전히 깨졌습니다. 몸살감기가 우리 부부의 생활 리듬을 완전히 깨뜨려 버린 것입니다.

사람의 몸은 삶의 기본 바탕입니다. 그 바탕에 금이 가면, 생활에도 균열이 생깁니다. 그래서 퇴직 이후에 지켜야 하는 것이 체력입니다. 대부분 마흔까지도 몸이 가장 바탕이 되는 기본 자산이라는 사실을 모릅니다. 하지만 오십을 넘기고 나면, 바로 깨달습니다. 삶의 기본 중 기본은 체력이라는 사실을 말입니다.

"약해, 몸살감기 하나에도 다 부서질 정도로 너무 약해, 미안해"라고 아내는 자신에게 짜증 나고, 나에게 미안한 마음을 이렇게 표현했습니다. 아내의 짜증은 건강할 때 몸을 지키지 못한 업보입니다. 우리는 건강할 때 건강을 지켜야 합니다.

03
삶의 질을 좌우하는 수면 관리

퇴직하고, 한 일주일 정도를 제대로 잠을 못 잤습니다. 그때, 잠이 얼마나 중요한지 깨닫게 되었습니다. 잠에 관련된 독일의 전설이 있습니다. 바로 '온딘의 저주'입니다. 저주 내용은 이렇습니다.

"매일 밤 잠이 들게 되면, 당신은 숨 쉬는 것을 잊을 것이오, 다시는 깨어날 수 없을 것이리라."

온딘의 저주 때문인지 사람들은 잠을 잘 자지 못합니다. 불면증뿐만 아니라 무호흡증도 있어서 잠든 사이에 죽음을 경험하기도 합니다.

사람은 왜 잠을 자야 하는 것일까요? 잠은 뇌와 몸을 쉬게 해주어, 모든 기능을 재편성하는 시간이라고 합니다. 하지만 왜 잠을 자야 하는지 완벽하게 설명하지는 못합니다.

19세기 러시아의 여성 과학자 마리 드 마나세인은 잠에 대한 잔인한 실험을 했습니다. 진짜 잔인하게 강아지를 계속 깨어 있게 하여 잠과 생존의 연관성을 실험했습니다. 96시간 만에 첫 번째 강아지가 죽었고 나머지 강아지들도 6일을 넘기지 못하고 다 죽었습니다. 잠을 박탈하는 것은 생존과 직결됩니다. 생존만이 아니라 삶의 질에도 지대한 영향을 미칩니다.

잠은 그만큼 중요합니다. 왜냐하면 사람의 정신과 육체는 무한히 활동할 수 없습니다. 신체의 휴식이 꼭 필요합니다. 먹고 움직이는 행위를 중지시키는 이유는 물리적 기능의 지속성을 위한 것으로 보입니다. 또한 뇌의 피로를 해소해야 합니다. 그날의 습득한 정보와 지식을 정리할 시간이 있어야 합니다. 그렇지 않으면 뇌의 용량 초과로 폭발할지 모릅니다.

이렇게 숙면이 중요한데, 불면으로 밤을 새우는 사람들이 있습니다. 그중에는 바로 퇴직자도 있습니다. 불면증을 앓고 있는 사람의 증상은 다양합니다.

첫째, 불면은 신체의 컨디션과 면역력을 떨어뜨립니다. 수면은 신체 회복과 세포 재생, 호르몬 분비를 조절하는 역할을 합니다. 그래야 체중과 피부에 문제가 없습니다. 둘째, 불면은 정신의 혼미와 짜증, 그리고 스트레스가 쌓이게 합니다. 수면은 기억의 저장과 정신건강을 회복시키고, 생존감을 유지합니다. 셋째, 불면은 우울증과 인지 기능을 저하해서 삶의 질을 떨어뜨립니다.

숙면을 하기 위한 행동 요령에는 낮잠을 자지 말고, 밤 11시 이전에 잠자리에 들어가는 것이 있습니다. 또한 아침 기상 시간을 꼭 지키고, 운동을 하는 겁니다. 그렇게 해서 숙면만 취하게 돼도, 하루하루가 달라집니다. 숙면은 퇴직자의 건강을 위해서 꼭 해야 하는 시도입니다.

몸과 마음의 습기를 없애는 제습기

퇴직 이후에는 인생의 제습기가 필요합니다. 제습기는 습기를 없애기 위해 장마철에 꼭 필요한 물건입니다. 오늘 아침에 산책을 갔다 오니, 제습기의 물통에 물이 가득해서 작동이 멈추어 있었습니다. 물통을 빼내고, 넘치도록 가득찬 물을 싱크대에 버렸습니다. 물통의 바닥을 수건으로 닦고서 제습기에 끼웠습니다.

물통을 끼우자마자, 자동으로 제습기가 다시 작동합니다. 습도가 어느 정도인지 확인하려고 습도 센서를 보았습니다. 센서에는 '80'이 찍혀 있습니다. 습도 80. 숫자로 80이 어느 정도인지 확인하기 위해서 인터넷을 검색했습니다. 우리나라 여름의 평균 습도는 66퍼센트라고 합니다. 대개 쾌적하다고 느끼는 습도는 60퍼센트입니다. 그래서 보통 습도 66퍼센트 이상이고, 온도 35도 이상일 때 습한 폭염, 일명 '사우나 폭염'이라고 합니다.

가벼운 산책에도 비가 내리듯이 땀이 나는 이유가 온도보다는 '습도' 때문입니다. 제습기를 틀고, 에어컨과 함께 제습했더니, 65퍼센트까지 떨어집니다. 샤워하고, 습도가 떨어지니, 그제야 겨우 견딜 정도가 됩니다.

집 안을 쾌적하게 한 후에 글을 쓰려고 책상에 앉았습니다. 그때 번뜩 이런 생각이 들었습니다. '불행도 장마철의 기후처럼, 고온과 다습의 온갖 악재가 한꺼번에 몰려오는 것이 비슷하구나.'

저는 퇴직과 가족의 죽음에서 불행이 한꺼번에 밀려드는 아픔을 경험했습니다. 퇴직이 퇴직으로만 끝나는 것이 아니라 월급과 명함, 그리고 인맥과 신용 등이 한꺼번에 사라지면서 고통이 덮쳐왔습니다.

형의 죽음도 마찬가지였습니다. 온 집안이 완전 먹구름으로 암울했습니다. 장마철이 힘든 것은 고온과 다습이 한꺼번에 겹치기 때문입니다. 마찬가지로 불행도 하나의 불행으로 끝나지 않고, 계속 줄지어 연달아 달려오기 때문에 고통입니다. 죽음, 이혼, 퇴직 같은 사건은 하나의 불행으로 끝나는 것이 아닙니다. 이것들은 한꺼번에 떼를 지어 달려드는 하이에나 같은 놈들입니다. 내가 아무리 용맹하고 강한 '사자'라도 떼를 지어 순식간에 달려들면 버티기가 어렵습니다. 따라서 불행이 덮치면, 최소한 슬픔의 습기를 빨아들이는 성능 좋은 제습기가 있어야 합니다. 고통을 이겨 낼 수 있도록, 몸과 마음의 습기 정도는 쫙 빼내야 합니다.

똑같은 일상에서 제습만 제대로 해도 견딜 수 있다고 합니다. 최소한 끈적끈적하게 일상에 젖지 않게 제습해도, 쾌적한 나날을 만들 수 있는 모양입니다. 마음 안에 습기를 말리는 제습기는 하루 중에 만나는 '나뭇잎 사이로 비치는 햇빛'이라고 합니다. 나만의 제습기는 혼자서 온전히 다 견디는 하루라는 시간에 있었습니다. 혼자 지내는 시간이 삶의 제습기입니다.

네가 이루고 싶은 게 있다면 체력을 먼저 길러라.
네가 종종 후반에 무너지는 이유.
데미지를 입은 후에 회복이 더딘 이유.
실수하고 복구가 더딘 이유, 다 체력의 한계 때문이야.
체력이 약하면 빨리 편안함을 찾게 되고.
그러면 인내심이 떨어지고, 그 피로감을 견디지 못하면
승부 따위는 상관없는 지경에 이르게 되지.
이기고 싶다면 너의 고민을 충분히 견뎌 줄 몸을 먼저 만들어.
정신력은 체력에 보호 없이는 구호밖에 안 돼.

— 윤태호, 《미생》 중에서

04
몸의 건강으로 이어지는 마음 관리

　몸의 건강은 마음의 건강에서 비롯됩니다. 그래서 퇴직 후에 마음을 다스리는 법을 익혀야 합니다. 그 하나의 방법이 큰 것보다 작은 것에서 기쁨을 찾는 겁니다. 마음과 몸을 낮추는 겁니다. 퇴직 이후에는 세상을 바라보는 눈을 바꾸고, 눈높이도 낮추어야 합니다. 크고 넓고 깨끗하고 예쁜 것만 보았던 눈일수록 더 낮게 낮추어야 합니다. 작고 좁고 더럽고 추한 것도 볼 수 있어야 합니다. 그래서 지금까지 망원경을 가지고 살아왔던 세상에, 퇴직 이후부터는 현미경을 들이대고 살아야 합니다. 즉 작은 것에서 의미를 발견해야 합니다. 그 작은 것 중의 하나가 바로 건강한 마음입니다. 육체적 건강을 위해선 마음의 건강도 중요합니다.

　회사라는 튼튼한 울타리를 벗어난 밖의 세상은 요지경입니다.

이것은 마치 물에 잉크 한 방울이 떨어지듯이 제멋대로 브라운 운동(액체 안에서 움직이는 미소 입자의 불규칙한 운동)을 하는 것처럼 보입니다. 당연히 회사에 있던 매뉴얼에도 없는 삶의 규칙을 따로 배워야 합니다. 그래서 매뉴얼과 시스템이 잘 갖춰진 회사에 익숙한 퇴직자들은 이런 요지경 같은 세상을 살아 내는 데 더 힘겨워합니다. 그러면서 마음에 병이 생기고 몸의 건강을 해칩니다.

우리 마음에서 먼저 관점의 기준을 바꾸어야 합니다. 회사 생활에서 얻은 렌즈로, 퇴직 이후 세상을 바라보면 안 됩니다. 퇴직이라는 용어부터 바꾸고 싶습니다. 퇴직退職이 아니라 토직吐織해야 한다고 말합니다. 퇴직은 직업에서 쫓겨나는 것이고, 토직은 직업을 내 안에서 토해 내는 겁니다. 토해 내는 일은 스스로 하고, 세상의 작은 일에도 의미를 발견할 수 있어야 합니다.

한 심리학자가 연령대별로 삶의 만족도를 묻는 설문 조사를 했습니다. 이 설문 조사의 문항은 '의미 추구'와 '의미 발견'의 문항으로 나뉩니다. '의미 추구'는 '인간은 윤리적 존재입니다'와 같은 문항이고, '의미 발견'은 '산책하면서 산에 핀 꽃이 아름답다고 느꼈나요'와 같은 문항입니다. 그렇게 연령대별로 '의미 추구'와 삶의 만족도와의 차이를 분석하고, '의미 발견'과 삶의 만족도와의 차이를 분석한 겁니다.

그런데 아주 재미있는 것은 '의미 발견'의 경우입니다. 40대까지는 '의미 추구'에서 삶과 관련성이 비교적 높게 나타났으나, 50

대부터는 '의미 발견'과 삶의 관련성이 높아졌습니다. 물론 어릴 때부터 특이하게 '의미 추구'와 '의미 발견'을 동시에 가지는 사람들이 있습니다. 그들은 전 인생에서 삶의 만족도가 높은, 흔히 말하는 천재적인 사람들입니다. 그러나 소수를 제외하고 일반인은 50대까지는 '의미 발견'을 보이는 경향이 없었습니다. 50대부터 비로소 '의미 추구'에서 '의미 발견'으로 전환되는 것이 보였습니다.

오십 이후에 사람들은 인생의 의미를 발견하는 경우가 많다고 합니다. 즉, '의미 발견'의 수준은 달라지지만 '의미 발견'이 모든 삶의 단계에서 주관적 행복과의 관련성이 높다는 겁니다. 일상에서 작은 일이라도 그 속에서 의미를 발견하게 되면 삶의 의미가 더해지고, 그로 인해서 우리 삶 또한 행복으로 나아갈 수 있는 겁니다. 결론적으로, 삶의 의미가 있다는 것은 의미를 추구하는 것과 의미를 발견하는 것으로 나누어질 수 있으며 그중에서 '의미 발견'이 행복감에 영향을 미친다는 겁니다. 최소한 오십 이후에는 의미를 추구하는 것이 아니라 의미를 발견해야 합니다. 특히 마음에서 작은 것의 의미를 발견하는 것이 건강한 신체적 자립을 이루는 방법입니다.

05
백세 건강을 위한 질병 관리

저는 아내가 암에 걸리고 나서 암이라는 병을 가장 잘 아는 사람이 세 명이라는 걸 알게 되었습니다. 먼저 1순위로 암을 담당하는 전문 의사입니다. 2순위는 암에 걸린 환자입니다. 3순위는 암 환자의 가족입니다. 담당 의사가 지식이 많은 것은 당연한 거고, 그다음에 환자와 환자 가족이 지식이 많은 것은 이유가 있습니다. 환자와 환자 가족은 암에 걸리는 순간부터 암에 관한 공부를 집중적으로 하기 때문입니다. 기본적인 의학 지식이 없음에도 불구하고 절박한 마음으로 공부하면서 전문 지식을 가지게 됩니다. 공부는 간절하게 필요할 때 그 깊이가 더해진다는 것을 아내가 암에 걸리고 알았습니다. 돈과 경제, 그리고 인생 공부도 마찬가지고, 살아가는 일 또한 마찬가지입니다. 인생에서 성공하는 사람들은 시련을 겪을 때면 절박한 마음으로 매달려서 인생의 지혜를 얻어 냅니다.

건강을 잃고서 건강의 소중함을 깨닫고, 병이라는 괴물이 어떻게 우리 몸에서 작동하는지를 알았습니다.

아내는 경희대학교병원에서 유방암 2기 판정을 받았습니다. 판정 이후 아내와 나의 생활은 급격하게 변했습니다. 판정받기 이전이 평화로운 일상이었다면, 그 이후는 낯선 일들을 받아들이는 고통의 시간이었습니다. 특히 아내는 그동안 누리던 일상의 평안을 다 내려놓고, 암이 만들어 내는 새로운 일상을 받아들였습니다. 아내는 고통스러웠지만 그래도 견뎌 내며 암 종양 제거 수술을 받았습니다.

수술이 끝나고 다음 날 의사가 수술의 결과를 보호자인 나에게 설명했습니다. 의사는 2.8센티미터 암 종양을 제거했고, 수술은 잘 되었다고 했습니다. 림프샘으로 암 전이가 일어났는지 확인하기 위해서 림프샘 세 개를 떼어 내어 검사했는데, 두 개에 종양의 전이가 있다고 했습니다.

"유방암 2기로 생명에 지장이 없습니다. 림프샘 전이가 있어서, 환자에게 적합한 치료 방법을 찾고 있습니다. 항암 치료법은 외래 진료 때 설명하겠습니다."

의사의 말을 처음엔 이해할 수 없었습니다. 아내의 수술 결과가 어떤 정도인지, 아내의 병이 얼마나 깊은 것이지, 암 치료는 어떻게 받아야 하는지, 속 시원한 설명을 기대했지만, 의사의 설명은 충분하지 못했습니다. 암은 우선 환자와 가족에게 불안과 공포를 줍니다. 아내는 수술 이후에 전신 마취에서 깨어나면서, 오른쪽 가슴과 겨드랑이의 심한 통증을 호소했습니다. 몸도 아픈데 여기에 의사의 수술 소견마저 무슨 말인지 그 뜻을 알 수 없다는 사실이 공포를 키웠습니다. 그리고 항암 치료의 후유증으로 머리도 빠질 수 있고, 때로는 심하게 구토 증상이 있을 수 있다는 우려로 아내는 더 불안해했습니다. 암 치료에서 종양 제거 수술은 단기전이고, 항암 치료는 장기전입니다. 아내가 투병의 시간을 잘 견딜 수 있도록, 제가 간병을 했습니다. 간병인으로 아내를 지켜보면서 암이라는 병에 대해서 깨닫게 되었습니다.

나는 항암 치료가 아내의 몸을 고통으로 이끌어 가는 과정을 옆에서 지켜보며 암이라는 병의 증상과 치료 과정을 공부했습니다. 지금은 전문가 수준은 아니지만, 증상과 치료 과정을 잘 알고 있습니다. 병은 예방이 최선입니다.

체력을 잃으면 모든 것을 잃는다

사람들은 자신이 처한 현실을 똑바로 인식하고 있다고 생각합니다. 하지만 의외로 삶에 주어진 현실을 제대로 인식하지 못하고 살아갑니다. 어쩌면 인생에 가장 필요한 공부는 시련이 주는 명확한 현실 인식입니다. 진정한 배움은 현실 속에서 체득하는 것이고, 그렇게 배우는 것이 참 지식입니다. 이것이 인생의 지혜입니다.

2023년 3주마다 아내의 항암 치료 때문에 경희대학교병원에 진료받으러 갔습니다. 의사는 항암 치료의 경과를 설명해 주며 "너무도 잘하고 있다"라고 칭찬하다가 마지막 한마디를 덧붙였습니다. '다만'이라는 말을 시작으로 당부가 이어졌습니다. "다만, 콜레스테롤 수치가 높네요. 식단을 단백질과 탄수화물 중심으로 드세요." 그리고 의사는 "음식은 반드시 익혀서 먹을 것, 콜레스테롤 높은 음식은 조심할 것", 이 두 가지를 당부했습니다.

우리는 바로 콜레스테롤은 어떤 물질이고, 어떤 성질이고, 어떤 역할을 하는지 공부했습니다.

"콜레스테롤은 고등 척추동물의 뇌, 신경 조직, 부신副腎, 혈액 따위에 많이 들어 있는 대표적인 스테로이드다. 무색의 고체로, 물·산酸·알칼리에 녹지 않고 에테르, 클로로포름에 녹는다. 핏속에 이 양이 많아지면 동맥 경화증이 나타난다."

이렇게 의학 백과사전에 기록되어 있었습니다. 콜레스테롤은 동맥 경화증의 주범이었습니다. 보통 동맥의 역할은 산소와 영양소가 들어 있는 혈액을 인체 곳곳에 공급하는 것입니다. 그런데 동맥에 콜레스테롤이 쌓여서 혈관이 좁아지고 딱딱하게 굳어지면 영양 공급을 할 수 없게 되는 겁니다. 아내는 항암 치료를 받으려면, 항암 치료제가 몸의 장기에 가하는 압박을 견딜 수 있게 영양소 공급을 잘 받아야 합니다. 보통 항암 치료제는 환자의 암세포만이 아니라 모발 세포, 위 점막 세포, 백혈구 세포마저 죽이는 역할을 합니다. 그런 항암 치료 과정에서 몸이 잘 이겨 내기 위해선 영양 공급이 필수입니다. 동맥을 통한 영양소 공급이 원활해야 항암 치료를 잘 견딜 수 있기 때문에 아내는 콜레스테롤을 줄이기 위한 생활 습관을 만들기로 했습니다.

항암 치료 덕분에 육체적 힘을 기르는 방법을 깨닫게 되었습니다. 생활 방식을 전면적으로 바꾸는 새로운 도전입니다. 인생에서 체력이 얼마나 중요한지 비로소 깨달았습니다. 체력을 잃으면 모든 것을 잃습니다. 우리가 체력을 기르기 위해선, 육체적 저항에 맞서는 방법을 알고 있어야 합니다. 암이라는 시련의 순간에도 진정한 육체적 힘은 저항할 수 있는 능력을 키웁니다. 특히 오십이 넘어가면 육체적 힘이 곧 실력이 됩니다.

아내의 암 덕분에 깨달은 것이 있습니다. '아, 그렇구나. 때로는 불행이 선물이 되는구나.' 어느 날 아침에 일어나는데, 아내의 암은 사악한 불청객이지만, 삶에 일침을 가한 선물이기도 하다는 사실을 깨닫게 된 것입니다. 삶에는 행복과 불행을 가려내는 정산 공식은 따로 없습니다. 설령 있다고 해도, 우리 마음은 객관적인 정산을 해 낼 수 없습니다. 얻은 것보다 빼앗긴 것에 집착하다 보면 객관적인 정확한 결괏값이라도 인정하지 못합니다. 최대한 객관적인 관점에서 잃어버린 것과 얻을 것을 정산해서 결괏값을 얻었습니다. 아내의 암으로 인해서 우리는 얻은 것이 많았습니다.

오직 오늘, 단 하루만 보고 살아가고자 합니다. 아침에 거울을 바라보면서 자신에게 외칩니다. 하루만 바라보고 사는 것이 나의 최선입니다. 삶에서 최선이란 다 지나 버린 '어제'에 매달리지 않고, 아직 오지도 않는 '내일'에 전전긍긍하지 않으며, 오로지 '오늘'만 보고 사는 방법이라고 생각하고 있습니다. 이런 삶의 의미는 평범한 일상에서 깨닫지 못합니다. 보통 사람들은 시련의 경험으로 그 의미를 깨닫게 됩니다.

06
건강한 몸과 마음을 만드는
좋은 환경

건강한 몸에서 좋은 생각이 나오고, 좋은 생각에서 좋은 말이 나오고, 좋은 말에서 좋은 행동이 나오고, 좋은 행동이 모여서 좋은 습관이 되고, 좋은 습관이 훌륭한 인격을 만들고, 훌륭한 인격이 자신의 운명을 만듭니다. 그래서 건강한 몸과 건강한 마음이 중요합니다. 더불어 건강한 몸과 마음을 만들어 주는 환경이 중요합니다. 퇴직 이후에 좋은 환경과 접촉을 늘려야 합니다. 접촉을 늘려야 하는 좋은 환경에는 세 가지가 있습니다.

첫째, 어린 친구들입니다. 대개는 퇴직 이후에 나보다 나이가 많은 사람들을 만나게 됩니다. 하지만 위험한 만남입니다. 왜냐하면 나보다 나이가 많은 분께 들을 수 있는 건 과거나 현재의 고달픈 얘기가 많기 때문입니다. 그런 얘기는 퇴직한 이후에 도움이 되지 않습니다. 젊은 세대들과 자주 접촉하여 생동감을 느끼는 게 필요합니다.

둘째, 낯선 장소를 가야 합니다. 익숙한 장소에서는 사람의 활동성이 떨어집니다. 지금까지 TV로만 축구나 프로야구 경기를 보았다면 경기장에 가서 직접 소리치고 응원하는 것만으로도 뇌의 활성도가 100퍼센트 상승합니다. 여행도 마찬가지입니다. 한 번도 가보지 않은 곳으로 여행을 떠나세요. 그래야 뇌가 새로운 것을 보고 각성합니다. 퇴직 이후에 몸에 에너지를 채우는 방법입니다.

셋째, 새로운 지식을 공부해야 합니다. 기존에 공부해 왔던 지식과는 전혀 다른 영역의 공부를 해야 합니다. 저는 요즘 진화생물학에 빠져 있습니다. 찰스 다윈의 《종의 기원》, 리처드 도킨스의 《이기적 유전자》, 프란스 드 발의 《침팬지 폴리틱스》, 앙리 베르그송의 《창조적 진화》를 읽으며 공부하고 있습니다. 공부하면서 바로 깨달았습니다. 새로운 지식은 얼어붙은 제 마음의 바다를 깨우는 도끼가 되고 있습니다.

퇴직자는 의도적으로 젊은 사람을 만나야 합니다. 자기 집처럼, 익숙한 공간에서 벗어나 되도록 낯선 공간을 찾아가야 합니다. 그동안 해 왔던 공부와는 완전 다른 영역의 지식에 도전해야 합니다. 이 세 가지가 잠자는 퇴직자의 몸과 마음을 깨워 줄 겁니다.

07
감각의 끝이 살아야 느끼는
삶의 참맛

    퇴직 후, 저의 첫 번째 버킷리스트는 산티아고 순례길 여행이었습니다. 그 꿈은 코로나바이러스로 인해서 어이없게 무너져 버렸습니다.

    저뿐만 아니라 많은 퇴직자가 산티아고 순례길 여행을 가고 있습니다. 산티아고 순례길은 가톨릭 신자들이 성 야고보의 무덤이 있는 성지까지 순례하는 길입니다. 시작은 프랑스 남부의 국경 마을 '생장피에드포르'입니다. 종착지는 피레네산맥을 넘어 스페인의 성 야고보의 무덤이 있는 스페인 북서쪽 도시 '산티아고 데 콤포스텔라 대성당'입니다. 800킬로미터 거리를 오직 두 발로 걸어가는 순례입니다. 매일 20킬로미터 길을 걸어갑니다.

    매일 20킬로미터씩 걷는 고행을 40일 동안 하면서 길 위의 삶을 느끼고 싶었습니다. 그 꿈을 코로나로 인해서 이루지 못했습니다. 팬데믹 종식 후 다시 산티아고 순례길을 가려고 했을 때도 다른 일이 터졌습니다. 2022년 9월부터 11월까지 60일을 프랑스와 스페인, 투르키예까지 도보 여행을 하려고 준비를 완료했습니다. 그런데 아내가 유방암 판정을 받으면서 결국 이 여행마저 좌절되었습니다.

지금도 산티아고 순례길을 가지 못했습니다. 산티아고 순례길 여행은 접고 글쓰기를 통해서 마음의 여행을 하고 있습니다. 순례길을 걷는 것처럼 글쓰기를 통해서 퇴직 이후의 내 삶을 찬찬히 바라보고 있습니다. 매일 저와 정면으로 마주하는 순례길을 글이라는 거울을 통해서 비추어 보고 있습니다. 비정하고 딱딱한 현실을 직시하면서, 그 속에서 하루하루를 살아가는 나를 바라보고 있습니다.

두 발은 아니지만 두 팔로 걷는 글쓰기는 퇴직 이후 삶의 순례입니다. 두 팔로 글을 쓰면서 퇴직자의 길을 걸어가고 있습니다, 그 종착지는 죽음일 겁니다. 퇴직 이후 걸었던 순례길 위의 제 모습이 마치 파노라마처럼 떠오릅니다. 순례길 위에서 깨달은 사실이 있습니다. 온몸으로 붙들고 있었던 퇴직의 삶에 대한 감정을 그 어떤 언어로도 담을 수 없었습니다. 언어로는 표현될 수 없는 느낌이 온몸으로 미묘하게 흘렀습니다.

우선 마음을 누르고 곰곰이 되짚어 보고 있습니다. 퇴직 이후에 바로 산티아고 순례길을 가고자 했던 이유부터 되짚어 보았습니다. 이유는 명확합니다. 내 안에 잠자고 있는 삶의 감각을 깨우고 싶었던 겁니다. 직장생활을 하면서 온몸에 좌절과 슬픔의 때가 덕지덕지 쌓여 있었습니다. 걸으면서 몸의 구석구석에 쌓인 그 찌꺼기를 다 없애고 싶었던 겁니다. 나약함과 좌절, 그리고 허영과 위선 등 모든 것을 치워 내고 마음속에 새로운 삶의 열망을 불어넣고 싶었습니다. 때가 잔뜩 껴서 앞을 볼 수 없는 시야를 닦아 내고 싶었던 겁니다.

사람은 감각의 끝이 살아야 삶의 참맛을 느낄 수 있습니다. 저는 그 감각을 잃어버리고 살았던 겁니다. 4년 넘게 그 감각을 깨우는 데 몰입했습니다. 몸과 마음을 움직이는 삶의 감각은 거리 위에 있다고 생각했습니다. 모든 감각 기관의 촉이 살아나도록 하려면, 걷는 것이 최선이라고 생각했습니다. 하지만 이제는 팔로 쓰는 것으로도 삶의 감각을 깨우는 것이 가능하다고 생각합니다. 오히려 걷는 것보다 쓰는 것이 삶의 감각을 예민하게 깨운다는 것을 알게 되었습니다.

물론 걷는 것도 삶의 감각을 깨우는 수단입니다. 제가 발끝의 감각을 제대로 느낄 수 있도록 산티아고 순례길을 걸었다면, 발끝의 감각 기관은 길 위 인생의 의미를 깨닫게 되었을 겁니다. 두 발로 뛰는 것이 삶을 깨운다는 것을 마라톤을 통해서 느낀 적이 있습니다. 2008년에 춘천마라톤, 동아마라톤, 중앙마라톤에 참

가해서 다 완주했습니다. 그때가 발끝으로 세상을 가장 뜨겁게 느꼈던 시간이었습니다.

42.195킬로미터를 달릴 때 1킬로미터 단위로 나누고, 그 1킬로미터를 5분에서 6분 사이에 맞추어 뛰었습니다. 그렇게 1킬로미터를 마흔두 번 달려서 마라톤 풀코스를 완주했습니다. 마라톤에서 처음엔 1킬로미터씩 달리는 것이 그리 고통스럽지 않습니다. 어떤 순간엔 러너스 하이Runner's High가 일어나 달리는 것 자체가 희열을 주기도 합니다.

고통의 구간인 35킬로미터를 넘어서면, 온몸에서 고통이 짓누르기 시작합니다. 그런데 신기하게 그 고통의 극한 지점에서 힘겹게 서서히 내딛는 발끝엔 이 지구의 작은 떨림마저 느껴질 정도로 미세한 감각이 살아납니다. 부드럽게 스쳐 가는 바람과 이마로 내려오는 땀 한 방울이 피부 끝에서 느껴집니다. 머릿속에는 순백의 도화지가 만들어지고, 그리기만 하면 그림이 되는 팔딱거리는 생각이 뛰어다니는 경험을 합니다. 이 고통 속에서 계속 달릴 것인가, 아니면 걸을 것인가 하는 단순한 선택에서 내 삶의 모든 의미를 이끌어 낼 수 있습니다. 마라톤은 짧은 시간에 삶의 감각 기관을 살려 내는 방법이었습니다. 걷는 것은 잃어버린 삶의 감각을 되찾은 길입니다.

저는 길 위에서의 삶을 글로 쓰면서 되살아났습니다. 4년 동안 글쓰기를 통해서 예순 이후 삶을 박차고 나갈 새로운 동력을 얻었습니다. 반딧불이처럼 삶의 모습을 바꾸려면, 글쓰기를 통해 자기 모습을 탈바꿈해야 합니다.

인생을 마라톤에 비유한다면, 저는 반환점을 돌아서 30킬로미터 지점을 달리고 있습니다. 지금 제 앞엔 마라톤 최고의 고통스러운 구간인 마의 35킬로미터가 기다리고 있습니다. 저는 퇴직 이후 당당히 내달렸습니다. 삶의 감각을 깨우면서 달려왔습니다.

"바보는 지식이 없는 사람이 아니라 세상을 느끼지 못하는 사람이다"라고 말합니다. 그래서 천재는 깊이 있는 전문 지식이 많은 사람이 아니라 어떤 감각이 극도로 예민해져서 세상의 본질까지 알아차리는 사람입니다. 저는 나이 오십에도 불구하고 온몸으로 삶의 감각을 깨우치고 살아가려고 발버둥 치고 있습니다. 그렇게 부단히 노력하면서 깨달은 사실이 있습니다. 저는 천재가 되지 못해도 바보로 살지는 않을 겁니다. 저를 깨우는 도구인 글쓰기를 통해서 삶의 감각을 살려 내는 노력을 할 겁니다.

세 가지 '끝'과 네 가지 감각

우리가 살아가면서 특히 조심해야 할 세 가지가 있습니다. 첫째, 혀끝을 조심해야 합니다. 즉, 먹지 말아야 할 것은 먹지 말고, 말하지 말아야 할 것은 말하지 않아야 합니다. 둘째, 발끝을 조심해야 합니다. 가지 말아야 할 곳을 가지 말며, 내 길이 아니면 아예 발을 들이지 않아야 합니다. 셋째, 손끝을 조심해야 합니다. 손끝이란 욕망입니다. 나이 먹고는 탐하지 말아야 할 것을 탐하지 말며, 때로는 욕망 자체를 손에서 내려놓아야 합니다. 저는 세 가지를 철저하게 살피고자 했습니다. 그래서 술도 끊었고, 사람도 가려서 만났고, 일상의 루틴을 철저하게 지켰습니다.

조심해야 할 세 가지 끝을 살피면서 네 가지 감각을 키우기 위한 노력도 필요합니다. 네 가지는 삶의 감각입니다. 첫째, 손의 감각을 키우는 겁니다. 우리는 손끝으로 세상을 더듬어서 살펴야 합니다. 손끝에서 바로 삶의 기술이 나오기 때문입니다. 두 손으로 세상을 많이 매만져야 합니다. 둘째, 귀의 감각을 키우는 겁니다. 귀가 두 개 있는 것은 두 귀로 세상을 많이 들어야 한다는 의미입니다. 우리는 듣는 것으로 세상과 소통할 수 있습니다. 두 귀로 많이 들어야 합니다. 셋째, 눈의 시야를 키우는 겁니다. 눈이 두 개 있는 이유가 있습니다. 두 눈이 있어야 우리는 세상을 입체적으로 볼 수 있습니다. 바로 두 눈을 통해 차별화할 수 있는 자기만의 경쟁력을 찾을 수 있습니다. 넷째, 가슴으로 느껴야 합니다. 온 가슴으로 세상을 안을 수 있어야 합니다. 세상에 가슴이 닿아야 지혜가 가슴에 전해져 옵니다. 온 가슴으로 세상을 껴안아야 합니다.

4장

인간관계의 자립을 위한 '고독 공부'

오십에는 혼자 지내는 법을 배워야 합니다. 고독을 적군이 아니라 우군으로 생각해야 합니다. 고독을 적대적으로 대하는 순간, 고독을 통해서 내적 단단함을 만들 수 없습니다. 고독을 우군으로 받아들이고, 인간관계를 단단하게 묶어 주는 매듭이라고 생각해야 합니다. 겨울이 추워야, 봄에 식물이 병충해 없이 잘 자란다고 합니다. 혼자 지낸 고독이 고통스러울수록, 더 깊은 인간관계가 만들어집니다.

01
퇴직 후 인간관계로 인한
세 가지 고통

  퇴직은 인간관계의 끝일 수도 있고, 시작일 수도 있습니다. 퇴직 후에 바로 가장 힘들었던 일 중 하나가 '퇴직'을 가족에게 말하는 것이라고 합니다. 저 역시 가족과 부모님에게 퇴직을 알리는 것이 힘들었습니다. 사회적 지위를 박탈당해서, 나락으로 떨어진 기분이었기 때문입니다. 퇴직은 부끄러운 일이 아니고 창피한 일도 아닌데 퇴직자가 되었다는 말을 꺼내기가 너무도 힘들었습니다. 저는 얼떨결에 말해 버린 경우입니다. 퇴직 통보를 받고 짐을 싸서 나오는 날까지도 아내에게 말하지 않았습니다. 아내가 집에 없을 줄 알고 사무실에서 가지고 온 짐을 몰래 숨겨 놓으려고 했습니다. 그런데 현관문을 열고 들어서자, 아내가 나를 보며 물었습니다.

"그 짐은 뭐야?"

그 순간 저는 여러 가지 생각이 교차했습니다. '철 지난 회사의 짐을 버리기 아까워서 가지고 왔다고 할까, 아니면 솔직하게 퇴직했다고 말을 할까?' 마음이 복잡했지만, 한 가지 생각은 명확했습니다. 굳이 아내에게 거짓말까지 하면서 둘러대는 것은 싫었습니다.

"나 퇴직했다."

"그래…. 괜찮아, 들어와 밥 먹게."

아내는 처음에 잠깐 멍한 표정을 지었다가, 아무 일도 없다는 듯 편안하게 말해 주었습니다. 담담한 표정으로, 들고 있는 박스를 받아 주기까지 했습니다. 사실은 걱정을 많이 하고 있었습니다. 아내가 불안한 눈빛을 지으면 어떻게 말해야 하나, 그런 걱정이 앞섰습니다. 역시 '아내는 대단한 여자다'라고 인정할 수밖에 없었습니다. 아내는 평상시엔 사소한 일에 지나치게 잔소리합니다. 하지만 퇴직처럼 큰일에는 의외로 대담합니다. 아내가 너무도 고마웠습니다. 제가 세상에서 버려지면 와서 쉴 수 있는 곳은 집밖에 없다는 생각에 먹먹한 마음이 밀려왔습니다. 삶의 마지막 보루는 가족입니다. 아내 덕분에 가족에게는 쉽게 퇴직을 알릴 수 있었습니다. 그래도 가족에게 퇴직을 알리는 일이 첫 번째 고통입니다.

주변의 퇴직 선배 중에는 가족에게 퇴직을 알리지 못하고, 꽤

긴 시간을 흘려보낸 분들도 있습니다. 퇴직하고 3개월 지난 선배랑 저녁 식사하는데, 선배는 가방과 정장 차림으로 나왔습니다. 혹시 면접이라도 보았는지 물었습니다. 그랬더니 아직도 가족에게 알리지 못했다고 합니다. 3개월 동안 평일에는 출근하는 척하면서 산행하거나 도서관에서 시간을 보내다가, 바람이 쐬고 싶어질 때면 집에는 출장을 간다고 둘러대며 혼자서 일주일 여행을 갔다 오기도 했다고 합니다.

두 번째 퇴직의 고통은 굴욕을 주었던 사람들을 떠올리는 일입니다. 퇴직 이후에 지우려고 노력해도 직장생활하면서 겪었던 굴욕감은 꿈속에서까지 괴롭혔습니다.

"당신 이 정도밖에 못 합니까? 하지 마세요, 딴 사람에게 맡길 거니까."

자존심을 철저하게 뭉개던 상사의 얼굴이 꿈속까지 따라다녔습니다. 사람 자체가 싫어지는 적대감이 마음속에서 요동쳤습니다. 인간관계에 대한 고통이었습니다.

세 번째 고통은 집과 아내입니다. 아침에 일어나서 갈 곳이 없다는 것이 이렇게 고통스러운 일인지 미처 몰랐습니다. 아침에 눈을 뜨면, 어김없이 배가 고픕니다. 아내와 아침밥을 먹습니다. 갈 만한 곳을 찾는데 없습니다. 그러는 사이 시간이 흘러 점심때가 됩니다. 다시 아내와 점심밥을 먹습니다. 점심을 먹고 나서도 갈 곳이 없습니다. 집 근처를 왔다 갔다 그렇게 빈둥빈둥하다 보면 어느새 저녁 먹을 시간이 다가옵니다. 집에서 아내와 같이 저녁밥을 먹습니다. 이렇게 삼시 세끼를 먹어 가면서 의미 없이 하루 종일 집에 있습니다. 한두 달이 가면서, 집이라는 안식처는 가시방석이고 웃고 있는 아내의 표정이 공포가 됩니다. 이것이 퇴직 이후 겪은 고통입니다.

2020년 퇴직한 후 이렇게 세 가지 고통에 시달렸습니다. 가족에게 퇴직 사실을 알리는 것과 굴욕의 시간을 지워 내는 것과 의미 없이 집에서 온종일 보내는 것은 정말 고통스러웠습니다. 이제 만 4년이 넘게 흘렀습니다. 아직도 퇴직 이후 인간관계의 상처는 다 아물지 않았습니다. 누군가 퇴직은 끝난 것이 아니라 새로운 기회의 시간이라고 합니다. 그런데 그 기회를 만들고 있는지 아직도 오십 이후 인간관계 방향을 잘 모르겠습니다.

02
퇴직 후 필요한 부부관계 리모델링

퇴직은 결혼 생활의 최대 고난을 만듭니다. 지루하게 반복되는 하루하루가 끔찍하게 느껴지는 순간이 퇴직 이후 결혼 생활에 반드시 한 번은 옵니다. 그것을 어떻게 극복하는지가 중요합니다.

일본 영화감독 겸 코미디언 키타노 다케시는 독설가로 알려져 있습니다. 아무리 독설가라 하더라도 가족 관련 독설은 잘하지 않는데, 그는 가족을 대상으로까지 독설을 서슴지 않고 합니다. "소꿉놀이 같은 부부생활은 안 될 말이다. 진짜 결혼 생활은 서로 목을 조르면서 먹을 것을 두고 싸우는 것이다"라고 얘기하고, 심지어 "가족은 아무도 보는 사람이 없다면 슬쩍 내다 버리고 싶은 존재다"라고 했습니다. 인간관계에서 부부관계와 가족관계만큼 삶에 영향을 크게 미치는 것도 없습니다. 그 두 관계를 제대로 정립하지 않고는 퇴직 이후 삶을 설계할 수 없습니다.

저에게도 가족은 이중적입니다. 때로는 저를 무기력하게 만들고, 절망하게 만드는 존재이기도 하고, 그러다가 쓰러져 모든 것을 내려놓고 싶을 때 버티게 해 주는 힘이 되기도 합니다. 가족과의 관계 설정이 숙제입니다. 오늘도 자신에게 질문합니다. '가족이란 무엇인가?' 가족과의 관계를 이해하지 않고는 지금 삶의 방향을 찾을 수 없습니다.

저는 늘 절망의 순간에 가족의 문제도 수면 위로 떠오릅니다. 퇴직으로 다시 피곤하게 되는 순간, 오랫동안 미루어 두었던 삶의 본질인 가족과 다시 만났습니다. 너무도 오랫동안 직장생활을 하면서 가족과는 한 발자국 떨어져 지냈습니다. 직장이라는 핑계가 주는 안락함에 젖었고, 꼬박꼬박 나오는 월급으로 가족의 생계를 책임지는 역할을 하고 있다고 위안했습니다. 가족을 너무 오랫동안 잊고 지냈습니다.

퇴직 이후 시련 속에서 허우적거릴 때 저를 지켜 준 것이 아내였습니다. 쓰러질 것 같은 순간, 다시 저를 일으켜 세운 것은 두 아들이었습니다. 그때 제가 의지할 수 있는 것은 가족밖에 없었습니다. 가족이 샛길로 벗어나지 않도록 붙잡아 주었습니다.

아내는 제 삶의 구원자입니다. 그렇지만 제 삶을 어긋나게 만드는 것도 아내입니다. 퇴직 이후 가장 부딪치고 있는 것은 아내입니다. 사소한 것으로 싸우다가 보면 그날 하루는 엉망진창이 됩니다. 아침에 둘이 산책하러 나가는데, 큰아들이 바로 출근 준비를 할 수 있게 저는 거실과 욕실 등을 켜고 나왔습니다. 그런데 신발을 다 신은 저에게 현관문 앞에서 한마디를 합니다.

"욕실과 안방 등을 꺼야지."

20분 후에 일어나 출근 준비를 하는 큰아들을 위해 일부러 켜두었다고 하는데도 끄고 오라고 신경질적인 말투로 말합니다. 몇 마디 더 했다가는 말다툼이 일어날 것 같아서 그냥 불을 끄고 나왔습니다. 그런데 엘리베이터를 타고 내려오는데, 갑자기 속에서 화가 치미는 겁니다. 아내와 늘 이런 식으로 말다툼하다 보면 짜증 날 때가 많습니다.

아내와 저는 1997년 10월 5일에 결혼했습니다. 저는 결혼하면서, 삶의 방식이 완전히 바뀌었습니다. 결혼 전에는 가족에 대한 책임감도 없이, 흘러가는 대로 살았습니다. 그렇게 살다가 결혼하니 제약 사항이 많아졌습니다. 아들로서 살아가는 것과 남편으로, 아버지로 살아가는 것은 완전히 다른 역할이었습니다.

신혼 시절 우리는 가난했습니다. 고덕동의 반지하 전셋집에서 신혼 생활을 시작했습니다. 말이 신혼살림이지, 아이들의 소꿉장난 같았습니다. 그렇게 소꿉장난처럼 살아갈 수 있을 거로 생각했지만 착각이었습니다.

반지하방의 바닥은 눅눅했습니다. 여름에는 맨살로 등을 대고 방바닥에 누워 있다가 일어나면, 장판이 끈적끈적하게 들러붙어 있을 정도였습니다. 겨울에는 보일러가 자주 고장이 났습니다. 추운 곳에서 온종일 떨어야 했던 아내와 아들은 겨울마다 감기를 달고 살았습니다. 막 돌이 지난 아들의 그 자그마한 코에서 누런 콧물이 숨소리를 따라 흘러내려 휴지로 닦아 내면 콧등이 벌겋게 부어올랐습니다.

아내는 그때를 회상하면 원망하는 마음이 일어난다고 합니다. 무능했던 가장인 저를 향한 것보다 자신에 대한 원망이라고 합니다. 악착같이 절약하는 아내의 습관은 반지하가 아내에게 가한 채찍의 결과입니다. 그 독기가 지금 아내의 모습입니다. 제가 지켜 주지 못한 가난의 결과입니다. 반지하의 삶이 거친 말투를 만들었습니다. 가난의 시간을 같이 했던 동지로서 아내와 가난이 만들어 낸 거친 말투의 아내가 동시에 현재 나와 연결되어 있습니다. 아내와 저는 애증의 관계입니다. 그 애증을 풀어내야, 우리에게 남은 시간이 행복할 수 있습니다. 아내와 얽힌 애증을 풀어내는 방법을 찾고 싶었습니다.

그 실마리를 아버지의 기일에 찾았습니다. 저희 아버지는 2017년 7월 25일에 돌아가셨습니다. 저는 아버지를 닮았습니다. 저와 아버지는 사람을 대하는 방식에서도 비슷합니다. 아버지와 저는 가까운 사람들에게 살갑게 대하지 못했습니다. 제 성격에 문제가 있는 것인지, 아니면 가까운 사람끼리 원래 그렇게 지내는 것인지 잘 모르겠습니다.

아버지의 기일을 앞두고 주말에 가족들과 아버지를 모신 양평의 수목장에 갔었습니다. 그런데 길이 통제되어 아버지를 모신 가파른 언덕까지 올라가지 못했습니다. 언덕 입구에서 인사를 드렸습니다. 저는 살아생전에는 살갑게 대하지 못했는데, 아버지의 묘소에 와서도 아버지를 무덤덤하게 대하고 맙니다. 반면에 아내는 참 살갑게 아버지에게 말을 건넵니다. 아내는 계단 입구에서 멀리 있는 아버지의 묘소에 다 들리도록 제법 큰 소리로 외치는 겁니다.

"아버님, 저희 왔어요. 아버님 덕분에 이번 해도 무탈하게 지냈어요. 아버님, 고맙습니다."

아내가 외치는 소리를 들으면서 저는 아무 말 없이 나뭇잎 하나를 뜯어서 매만지고 있었습니다. 그런데 갑자기 목이 메고 눈시울이 붉어지는 겁니다. 아내가 정말 고맙기도 하고, 아버지에게 너무 죄송한 마음이었습니다. 아버지에게 인사를 마치고 집에 갈 시간이 되었습니다.

제가 마지막으로 그냥 고맙고 미안한 마음만 표현하면 되는 순간입니다. 그런데 바보처럼, 내 입에서 새어 나오는 말은 '삑'하고 어긋났습니다.

"휴가철이라 서울로 가는 도로가 꽉 막힐 거 같네. 이만 가자."

어긋난 말을 하는 내 안에 문제가 있습니다. 제가 못난 것이고, 제 성격에 문제가 있는 것입니다. 돌아오는 차 안에서 못난 말을 주워 담고자 고민한 끝에 가족에게 다시 말했습니다.

"정말, 고맙다."

아내는 저와 함께 가난을 겪으면서도 아버지와 어머니를 대하는 따뜻함을 잃지 않았습니다. 아내와 서로 싸우지 않을 이유를 여기서 찾습니다.

'부부 사이에 갈등을 어떻게 해소해야 하는가?' 퇴직 이후에 꼭 짚고 넘어가야 할 부분입니다. 그동안 살아온 인생에는 무수한 갈림길이 있었습니다. 그 길에서 그때마다 가족이 같이 견디면서 여기까지 왔습니다. 퇴직 이후의 삶에도 견디는 힘은 필요합니다.

2024년의 여름, 7월의 폭우가 멈추자 폭우보다 더 지독한 8월의 폭염이 바로 찾아왔습니다. 아침에 잠깐 산책하는데도 온몸이 땀으로 범벅이 되었습니다. 8월은 지독한 폭염으로, 땀에 절어서 지냈습니다. 우리 어머니는 가장 무더운 한여름에 나를 낳았고, 그 무더위에도 이불을 뒤집어쓰고서 산후조리를 했다고 말했습니다. 온몸에 땀띠가 났고, 몸이 부어서 힘들었다고 합니다. 제가 꼬박꼬박 말대꾸하면 속상해서 그때를 말씀하시곤 했습니다.

8월 1일 제 생일에 아내는 어머니로부터 전화를 받았습니다. 암 치료를 끝낸 아내의 몸 상태가 어떤지, 오늘 뭐 하는지 이것저것 안부를 묻는 전화였습니다.

"어머니, 생일 미역국을 끓여야 하는데, 곰탕 육수가 없어서 못 끓이고 있어요. 운동 갔다가 오면서 육수 사다가 끓여 주려고요"하며 아내가 조잘조잘 말을 이어 갔습니다. 제 부모님에게 잘하는 아내를 보면서, 아내를 마음으로 이해할 수 있게 됩니다. 그렇게 우리 부부는 퇴직 이후 고난의 시간을 잘 이겨 가고 있습니다. 가족이 퇴직 이후의 삶도 버틸 수 있는 무게 중심추입니다. 가족에게서 애증을 뛰어넘는 연대감을 찾아야 합니다. 그래야 퇴직 이후 삶의 보류인 가족과 친구에게 잘할 수 있습니다. 물론 가족과 떨어져 혼자도 잘 살아갈 수 있어야 합니다.

03
고통과 권태 속에서 추구해야 하는
삶의 균형

예순은 가장 극명하게 고통과 권태의 시계추가 중앙에 있는 시기입니다. 인생의 반환점을 돌아서서 걷다 보면 이정표를 만납니다. 나는 가끔 나에게 물어봅니다. 항암 치료를 받는 아내를 간병하면서 살아가고 있는 일상을 되짚어 보는 질문입니다.

"너 행복해?" 이 질문에 여러 가지 생각이 일어났고 끝내 대답은 하지 못했습니다. 어쩌면 나는, 마음을 다스리는 노력에도 불구하고 행복은 고사하고 편안에 이르지도 못합니다. 아내는 내가 다시 취직하기를 바랍니다. 작가로서 살아가는 모습이 불안해 보인다고 합니다. 아내는 아직도 내가 안정적인 직장에서 또박또박 벌어다 주는 월급으로 살아가길 원합니다. 그것이 60세가 될지, 65세가 될지는 모르지만, 안정적인 직장에서 돈을 벌라고 합니다. 아내의 이 말에 화가 납니다. 아내가 본인의 입장만을 내세우는 이기적인 사람이라는 생각마저 들기도 합니다.

취직을 위한 지원서를 작성한 적이 있었습니다. 그때 또 한 번 깨달았습니다. '2022년 대한민국 사회는 노동을 통해서 안정적인 밥벌이가 힘든 구조이구나.' 자격 요건이라는 장벽을 뚫고 들어가기도 어렵고, 자격 요건을 넘더라도 면접이라는 더 견고한 장벽이 기다리고 있었습니다. 그 장벽 앞에서 절망했습니다. 이 사회는 갑과 을로 양분된 구조였습니다. 저는 사회의 '을'이었습니다. 취업은 시작부터 '을'이었고, 그 장벽을 다 넘고 나서도 결국에 '을'이었습니다. 그리고 마지막에 '을'로 쫓겨나게 됩니다. 아내는 저에게 을의 인생을 몇 년 더 하라고 요구했습니다.

2020년에 퇴직하고 나서, 작가로 살아왔던 시간이 내 인생에서 가장 행복했습니다. 그 시간을 뒤로하고 다시 직원으로 살아가려고 하니, 시작부터 마음이 갑갑했습니다. 물론 아내의 요구도 충분히 설득력 있었습니다. 지금부터 길게 10년, 짧게 5년 정도가 저에게 마지막 남아 있는 안정적인 근로 소득의 기회라는 겁니다. 그래서 그 기회는 살리고, 그 이후에 작가로서 삶을 살아도 충분하다고 설득했습니다. 가장의 역할로 본다면 아내는 올바른 판단을 한 겁니다. 가장이 아닌 '나'라는 개인의 마음을 고려하지 않는다면 말입니다. 우리 부부가 평균 수명을 산다고 치면, 저에게 남아 있는 시간은 30년이고, 아내에게 남아 있는 시간은 40년입니다. 우리 부부가 30년을 더 같이 산다면, 10년 정도는 직장이라는 안정적인 소득이 있는 게 분명 더 낫습니다.

아내가 이런 생각을 한 이유가 있습니다. 아내는 항암 치료를 받으면서, 다니던 직장을 그만두었고, 집과 병원을 오가며 투병 생활에 전념하고 있습니다. 아내는 암 투병 이전까지는 작가로서 살아가는 나를 열렬하게 지지했던 사람입니다. 그러나 암 투병을 시작하고 나서 생각이 바뀌었습니다.

아내는 온종일 우리가 같이 붙어 있으면 부딪치는 일도 많아지고, 또한 주머닛돈을 그저 쓰기만 해선 안 되겠다고 생각합니다. 작가가 된 이후에 제 소득은 인세입니다. 여기에 강연 수입은 월마다 들쑥날쑥합니다. 아내는 이런 소득 구조를 못마땅하게 여기는 겁니다.

직원의 아내로 살아온 사람이, 수입이 불안한 작가의 아내로 사는 것에 불만을 가질 수밖에 없습니다. 아내로선 대기업 직원의 아내로 살았던 삶이 행복했을 겁니다. 아내는 고정적인 제 월급으로 재테크를 해 왔던 그 순간이 좋았을 겁니다.

아내는 "자기는 능력과 나이로 최소한 5년 이상 다시 일할 수 있잖아, 그렇게 해 줬으면 좋겠다"라고 말했습니다. 개인적인 행복과 가족이라는 공동체의 평안이라는 틈에 저는 여전히 머물러 있습니다.

아무런 고통도 스트레스도 없는 삶이 행복할 것 같다.
하지만 그런 삶에는 동기도 발전도 없다.
역경을 두고 팔 벌려 환영할 사람은 없다.
하지만 우리는 그것이 창의적 문제해결과
혁신의 가장 강력한 연료라는 사실을 인정해야 한다.
과거의 고통은 현재 우리가 누리는 좋은 것을 낳은 토대이며,
현재의 고통은 미래에 누릴 것들을 위한 기회의 씨앗이다.

— 모건 하우절, 《불변의 법칙》 중에서

04
도시에서 은퇴 준비를 해야 하는 이유

퇴직자는 전원생활의 허상에서 벗어나야 합니다. 전원생활의 낭만은 전원 속에 없습니다. 전원생활의 낭만은 도시 물질문명 속에 있습니다. 한번 나열해 볼까요? 전원생활에서 누릴 수 없는 삶의 기본 조건을 말입니다.

첫째, 대중교통이 없어서 편의 시설을 이용하기 힘듭니다. 삶의 활동 범위가 너무 좁아집니다. 나이를 먹어 가면서 병원에 갈 일이 많아지는데 의료 시설이 없습니다. 병원까지 최소 두 시간이 걸리기 때문에 너무도 불편합니다. 생활 서비스가 없으니 본인이 다 알아서 해야 합니다. 여기에 잡초 제거와 정원 관리 등 잡일이 너무 많습니다.

둘째, 취미 활동을 못합니다. 인터넷과 통신 서비스가 제한적입니다. 다른 것은 몰라도 인터넷 없이 못 살 거라고 봅니다. 요즘 취미 활동은 모두 디지털 공간에 있습니다. 물리적 공간이 제한적입니다. 다양한 물리적 공간이 있어야 취미 활동을 선택하는 폭이 넓어집니다. 자신에게 적합한 취미 활동이 퇴직 이후에 필요합니다.

셋째, 배움을 지속할 수 없습니다. 사람은 늙어도 배워야 합니다. 그런데 배움의 시설이 모두 도시에 집중되어 있습니다. 우리는 사람들과 어울릴 수 있는 기반 위에서 배워 나갑니다. 시골보다 도시에서 여러 사람들과 교류할 수 있습니다. 퇴직자들이 즐겨보는 프로그램 중 하나가 〈나는 자연인이다〉라고 합니다. 자연인에게는 두 가지가 있습니다. 하나는 '사연'입니다. 도시를 버리고 자연으로 떠난 사연이 있습니다. 그 절절한 사연이 없다면 자연인으로 살기 쉽지 않습니다. 전원생활도 반 자연인입니다. 다른 하나는 '재주'입니다. 혼자도 할 수 있는 재주가 있는 분들이 자연인입니다. 도시의 문명이 주는 혜택 없이도 살아갈 수 있는 재주가 있어야 합니다. 그래서 퇴직자는 전원생활의 허상을 빨리 버려야 노년 준비를 제대로 할 수 있습니다. 노년 생활은 도시에서 해야 합니다.

퇴직자는 도시 속에서 인간관계를 다시 정립할 수 있어야 전원으로 가서도 적응할 수 있습니다. 사람들 속에서 고통을 품을 수 있는 인내와 그것을 뛰어넘는 접점을 마련해야 합니다.

05
아름다운 '뒷것'의 삶

'뒷것.' 퇴직 이후 유난히 '뒷것'이라는 말이 깊은 울림으로 다가옵니다. '뒷것'이란 앞이 아닌 뒤에서 더 나은 세상을 꿈꾸며 묵묵히 수행하는 일을 이르는 말입니다. 저는 요즘 '뒷것'으로 살아가자는 마음이 용솟음치고 있습니다.

가수, 공연 연출가로 활동했던 고 김민기 학전 대표는 평생 스스로 '뒷것'임을 자처했던 분입니다. 그분은 2024년 7월 21일 세상을 떠났습니다. 이 시대의 '뒷것'이 되어 '앞것'들을 빛나게 해주었습니다. 저는 그분을 잘 모르지만, 전설처럼 떠도는 그분의 '뒷것'으로서의 삶을 추앙하는 한 사람입니다.

2024년 그분의 죽음과 '뒷것'이라는 말을 들으면서, 제 아버지를 생각했습니다. 7월 24일은 제 아버지 기일입니다. 아버지는 이미 돌아가신 지 6년이 지났습니다. 이제는 아버지의 기일을 기억하고 추모하는 것은 우리 형제가 유일합니다. 아버지는 우리 형제의 '뒷것'으로 평생을 사셨습니다.

'뒷것'으로 산다는 것이 무엇일까요? 저도 퇴직 이후에, '뒷것'이 되었다고 생각했습니다. 하지만 처음에는 '뒷것'의 삶이 참으로 암울했습니다. 왜냐하면 저를 더 빛나게 만드는 '앞것'으로의 삶이 쉽게 포기되지 않았기 때문입니다. 뒷것으로 살아가는 것도 '괜찮다'라고 마음을 달래는 데 4년을 보냈습니다.

요즘 비로소 한 가지를 깨닫게 됩니다. 김민기 대표의 죽음과 아버지의 기일을 생각하면서 말입니다. 기꺼이 '뒷것'으로 삶을 살아가고 싶어졌습니다. 김민기 대표처럼, 우리 아버지처럼, 기꺼이 '뒷것'으로 살아가자는 생각이 들었습니다.

누군가의 앞에서가 아니라 뒤에 서는 겁니다. 뒤에서 '앞것'들의 전경을 더욱 빛나게 하는 어둠이라는 배경으로서 역할을 하는 겁니다. 어두우면 어두울수록 전경을 더욱 빛나게 하는 '뒷것'이 되는 겁니다. 퇴직 이후엔 '뒷것'이 될 준비를 해야 합니다. 어쩌면 퇴직이란 '앞것'의 삶에서 '뒷것'의 삶으로 새롭게 살아가는 일입니다. 그것이 진정한 퇴직입니다.

뒷것의 삶을 바라보면서, 우리 삶에 절대 빛나는 일만 있지 않을 것이라는 생각에서 퇴직 이후 살아가는 일을 고민했습니다. 그러나 지금은 고민을 넘어서, 나만의 인생 지도와 삶의 방향을 이끌고 갈 나침반을 찾아내고 싶어졌습니다.

　다시 직원으로 살아갈 것인가? 지금 이대로 작가로만 살아갈 것인가? '앞것'으로 아니면 '뒷것'으로 살 것인가라는 생각을 하면서 살아갑니다. '뒷것'으로 물러나는 순간, 내 안은 더욱 단단해집니다. 고독이 꽉 뭉쳐진 것처럼 단단해집니다. '앞것'으로 살고자 발버둥 치는 마음을 내려놓으니 고독도 내 편이 됩니다.

06
지금보다 더 단단한 나를 만드는 외로움

다이아몬드는 탄소 결정체입니다. 탄소가 다이아몬드 결정체가 되기 위해서는 '고온과 고압'이 필요합니다. 압력은 1평방 인치당 58만 파운드 이상의 고압이 있어야 하고, 1,000도를 넘어가도록 급상승되는 고온이 필요합니다. 그때 탄소는 비로소 '다이아몬드'가 됩니다. 다이아몬드는 세상에서 가장 단단한 '돌덩이'입니다.

철학자 니체는 "자신을 제대로 사랑하지 못하면, 외로움은 괴로움이 된다. 타인과 어울리려고 애쓰면서 에너지를 낭비하지 마라. 인생의 행복은 친구가 아니라 스스로에 대한 사랑과 만족에서 온다"라고 말했습니다.

니체의 말이 맞습니다. 나의 바닥을 탄탄하게 받치는 것은 '단단한 외로움'입니다. 단단한 외로움 속에서 혼자 굳건하게 살아가는 것이 유일한 방법입니다. 퇴직 이후에 아침마다 거울 앞에 서서 저를 응시하며 이런 다짐을 했습니다.

"야, 남에게 너의 외로움을 구차하게 구걸하지 마라"라는 다짐은 저를 내면으로 질주하도록 만들었습니다. 다짐이 마음의 바닥에 닿는 순간, 신기하게 주위 시선 따위는 신경 쓰이지 않습니다. 그러면 그날은 혼자서 생기 넘치게 하루를 보냅니다.

저는 매일 그렇게 '진정한 나'를 만나면서 혼자만의 내면으로 침전되었습니다. 나의 내면은 고요하고 평화로웠습니다. 마음의 바닥이 조금씩 단단해지는 것을 느꼈습니다. 하루, 한 달, 1년, 그리고 4년이 지났습니다. 지난 4년 동안, 저는 고도의 압력과 고온의 열기 속에서 지냈습니다. 저는 요즘 믿고 있습니다. 그 고압과 고온이 나를 단단한 돌덩이 결정체로 만들어 주고 있다는 것을 말입니다. 외로움으로 흩어지는 숯덩이의 탄소 같은 삶이 아니라, 외로움으로 더욱 단단해지는 다이아몬드의 탄소 같은 삶을 살 수 있는 거라고 믿습니다.

타인에게 자기의 외로움을 구걸해선 안 됩니다. 외로움은 자기 속으로 침전시키는 고통입니다. 고통의 무게로 외로움을 응축하는 겁니다. 그 외로움 속에서 우리의 내면은 단단한 돌덩이가 됩니다. 그 무엇으로도 깰 수 없는 다이아몬드가 됩니다. 세상에서 가장 단단한 돌덩이. 우리가 모두 그 다이아몬드처럼 살아가야 합니다. 어차피 혼자입니다. 고독으로 침전하면서 살아가는 겁니다.

죽음을 기억하며 살아야 하는 이유

저는 8월 1일 한여름 폭염의 한가운데에서 태어났습니다. 이 세상에 태어난 그날, 세상은 숨이 꽉 막히는 뜨거운 열기 속에 있었습니다. 56년이 넘도록 적응해 왔지만, 아직도 저는 이 세상이 무겁고 숨이 막힐 정도로 답답합니다. 한여름의 열풍으로 가득한 이 세상에는 쉽게 적응이 되지 않습니다.

1981년 8월 1일. 스무 살의 한 청년이 죽었습니다. 5남 1녀의 장남으로 태어나, 쓰러져 가는 집안의 희망이자 구원이었던 청년입니다. 가슴에는 한여름의 뜨거운 열기를 품고 살았던 청년입니다. 그의 가슴에 용솟음치는 그 열정을 마지막으로 잠재우려고 그는 7월 말에 한라산을 올랐습니다.

불행은 그 청년이 상상할 수 없는 불청객이었습니다. 청년이 한라산 정상에 이르렀던 늦은 밤에, 갑자기 거센 비바람이 몰아쳤습니다. 그는 백록담 바로 밑에서 방향을 잃고 몇 시간을 헤매고 다녔습니다. 커다란 나무 밑에서 잠시 휴식을 취하고 있었습니다. 그때 비바람과 함께 번개가 치기 시작했습니다. 그러다가 운명처럼, 번개는 나무 옆에 쉬고 있던 청년의 뜨거운 가슴을 스치고 지나갔습니다. 청년은 새벽의 비바람이 몰아치는 어둠 속에서도 뜨거운 가슴을 식히지 못하고 이 세상을 떠났습니다.

죽음 앞에서, 청년의 두 눈에 마지막으로 어른거린 것들이 무엇이었을까요? 평생 자식을 가슴에 묻고 살아갈 어머니와 아버지, 희망과 구원을 잃고 헤매고 다닐 동생들, 한순간에 꺼져 가는 자기 자신. 스무 살의 한 청년이 그렇게 죽었습니다. 그 청년은 저의 큰형입니다.

8월 1일은 큰형의 기일입니다. 그리고 제 생일이기도 합니다. 삶과 죽음이 서로 어긋나게 엉켜 있는 날입니다. 저는 오랫동안 이렇게 삶과 죽음을 생각하면서 살아왔습니다. 삶의 언저리에 늘 죽음을 두고서 산다는 것은 큰 고통입니다.

생일은 태어나 살아가는 자를 기념하는 날입니다. 기일은 죽은 자를 기리는 날입니다. 삶과 죽음은 하나입니다. 태어남을 축하하는 것은 죽음을 기억하는 의식입니다. 사랑하는 사람의 죽음은 아픔과 슬픔입니다. 하지만 그 죽음을 기억하는 것은 삶의 본질을 깨닫게 하는 죽비가 되기도 합니다. 저는 형 덕분에, 삶의 내면을 좀 더 깊게 들여다보면서 살아왔습니다. 작가는 삶의 본질을 들여다보는 직업입니다. 작가로서 기본 자질은 형의 죽음이 저에게 남긴 소중한 유산입니다.

세상을 살아가는 데 치러야 할 총량의 아픔과 슬픔이 있습니다. 그것은 삶의 값입니다. 결국 우리는 삶의 값을 제대로 치러야, 온전히 자기의 삶이 됩니다. 아픔과 슬픔이 고통스럽다고, 삶의 값을 헐값으로 치러서는 안 됩니다. 삶의 값도 싼 게 비지떡입니다. 저는 지금부터 죽음을 그대로 직면하면서 살려고 합니다.

모든 생명체가 반드시 치러야 할 값이 죽음입니다. 우리는 모두 다 죽습니다. 죽음을 기억하면서 살아야 하는 이유입니다. 그래야 인생의 선물이 오늘이라는 생각으로 살아갈 수 있습니다. 고독 속에서 단단해질 수 있습니다. 모든 날을 8월 1일처럼 가장 단단하고 치열하게 살아갈 겁니다.

삶과 죽음에서 벗어나 본연의 나로 존재하는 것이 고독입니다. 그렇게 단단할 때만 나는 나로서 설 수 있습니다.

퇴직하는 순간부터
탈바꿈이 시작된다

'49.3세 = 퇴직.' 저는 그 퇴직의 순간부터 탈바꿈을 시작했습니다. 비범한 삶은 언제나 평범함을 넘어서는 순간에 만날 수 있습니다. 우리가 진정 바뀌길 원한다면, 변화는 일어납니다. 퇴직은 궁극적으로 나를 새롭게 변화시켰습니다. 저는 그저 안정적인 삶을 추구하면서 살아왔습니다. 직원으로 사는 삶엔 가슴 설레고 신비로운 일은 없었습니다. 제가 기대했던 것과 정반대로 마지막에 이르렀습니다. 마지막 퇴직 순간에, 지금까지 걸어왔던 그 평범한 길 위에서, 비범한 삶의 길로 전환할 수 있었습니다. 다 글쓰기 덕분이었습니다.

퇴직의 순간에 반드시 인생의 리셋 버튼을 눌러야 합니다. 리셋 버튼을 누르고 나면 다음 인생의 지도와 나침반을 찾으려는 의지가 생겨날 겁니다. 궁하면 통합니다. 퇴직 이후 삶에 대한 해결 방안이 제공될 겁니다. 인생의 순환 원리가 리셋 버튼에서 나옵니다.

당신이 지금 마흔이라면, 인생의 마지막 반전의 기회 앞에 있습니다. 방심해서 과거 저편으로 기회를 흘려보낼 것인가, 아니면 붙잡아서 새로운 인생을 설계할 것인가, 그 모든 선택이 당신의 눈앞에 있습니다. 바로 지금 붙잡아야 합니다. 경제적 자립, 자기 계발, 취미로 일과 놀이의 조화를 만들어 내야 합니다. 만약 지금 퇴직자로서 50대를 살아가고 있다면, 당신만의 지도를 가지고 시간 관리, 체력 관리, 인간관계 관리를 해야 합니다. 일정량의 고통을 감수하면서 나아가는 것이 인생입니다. 고통을 피하지 않고 견디려는 각오를 해야 합니다.

고통을 품는 인내력과 그 너머를 통찰하는 혜안

고통과 시련을 견디고 나면 평화로운 일상이 찾아옵니다. 암과 퇴직은 운명이고, 그 운명과 함께하는 삶은 아직도 진행 중입니다.

"나는 아직 단 한 번도 뒤돌아보지 않고 앞만 보고 살았어. 암으로 넘어진 김에 지난날을 제대로 돌아볼 거야. 지금 힘들지만, 그래도 괜찮아. 암 덕분에 오늘이, 내가 받은 인생의 최고 선물이라는 사실을 깨닫게 되었어."

아내가 저에게 말했습니다. 어쩌면 아내는 암 덕분에, 저는 퇴직 덕분에 생각이 바뀌었습니다. 서로 관계도 좋아졌습니다. 우리가 주말에 보내는 시간은 평화롭고 여유가 있습니다. 인생의 최고의 순간을 보내고 있습니다.

지난 가을 주말마다 아내와 저는 서울 시내에 있는 궁들을 찾았습니다. 첫 나들이는 경복궁이었습니다. 차례대로 창덕궁, 창경궁, 덕수궁을 갔습니다. 가을 속 궁의 모습은 마치 오색 빛깔의 수채 물감으로 그려 낸 듯한 풍경이었습니다. 경복궁이 마치 웅장한 사나이의 모습이라면 창덕궁은 가을이 담긴 수채화로 그린 새댁 같았습니다.

지인과 점심을 먹으면서 주말마다 아내와 궁 여행을 같이 다니며 궁의 가을 정취를 즐기고 있다고 말했습니다. 지인은 제 얘기를 다 들은 후 더 좋은 제안을 했습니다.

"가을엔 궁이 참 아름답지, 궁을 다 보면 다음에 능을 보라고 말해 주고 싶네. 능은 더 좋거든."

지인은 한때 겪었던 마음의 갈등을 이기기 위해서 능을 찾았다고 합니다. 그 폭풍이 일어나는 마음을 추스르기 위해서 수도권에 있는 능이란 능은 다 갔다고 합니다. 지인의 말처럼, 왕이 생전에 살았던 궁도 의미가 있지만, 죽어서 묻힌 능도 의미가 있을 것 같습니다. 능에는 묘지명이 있습니다. 대개 묘지명은 살아생전의 업적을 적습니다. 유럽에서 묘지가 도심에 있고, 그 묘지에는 묘지명을 사자가 생전에 적어 놓습니다.

궁은 퇴직 이전의 내 생활과 같았다면, 능은 퇴직 이후 내 생활과 비슷합니다. 아내와 퇴직 이후에 궁과 능을 찾아갈 수 있는 마음을 가진 것이 다행입니다. 그렇게 할 수 있는 것은 아내는 암, 저는 퇴직이라는 불행을 당당하게 막아서는 선물을 받았기 때문입니다.

우리는 불행의 시간을 통해 세 가지 선물을 얻었습니다.

첫째, 불행에 대응하는 수비력이 늘었습니다. 암은 평온했던 우리 삶에 죽음이라는 불안을 덮어 씌웠습니다. 이렇게 삶과 죽음은 서로 하나의 얇은 경계밖에 없다는 사실을 일깨웠습니다. 그러나 우리는 그저 주저앉지 않았습니다. 맞서 싸우면서, 불행에 대응하는 수비력이 좋아졌습니다. 암은 우리에게 알 수 없는 적과 맞서는 법을 가르쳐 주었습니다. 이것이 궁이 아닌 능에서 얻은 선물입니다.

둘째, 고통을 버티는 인내력이 늘었습니다. 암은 아내의 몸에 고통과 무기력을 주었습니다. 아내는 육체적 고통에 그저 버티기만 했습니다. 때로는 무기력하게 온종일 누워만 있었습니다. 저는 그런 아내가 버틸 수 있도록 옆을 지켜 주었습니다. 아내가 고통을 버티는 것이나, 제가 그것을 말없이 지켜보는 것은 모두 고통을 견디는 일입니다. 하루가 일주일이 되고, 일주일이 한 달이 되어서, 1년이 되었습니다. 우리는 고통을 견디는 인내력이 늘었습니다. 암은 우리에게 고통을 인내하는 법을 가르쳐 주었습니다. 이것 또한 불행의 선물입니다.

셋째, 시간과 싸우는 투쟁력이 늘었습니다. 아내와 저는 매일 기다렸습니다. 7월에는 조직 검사 결과가 나오는 날을 기다렸고, 8월에는 수술 날짜를 기다렸고, 9월에는 1차 항암 치료일을 기다렸고, 항암 치료 후에는 백혈구 수치 검사 결과를 기다렸고, 10월에는 2차 항암 치료일을 기다렸습니다. 항암 치료 이후 97퍼센트의 환자가 탈모가 된다고 해서, 머리카락이 빠지는 것을 기다렸습니다. 항암 치료 이후에는 다시 머리카락이 자라기를 기다렸습니다. 삶은 기다림의 연속입니다. 그 시간과 투쟁하는 능력이 늘었습니다. 암이 우리의 일상에 어떤 모습으로 오는지 지켜보면서, 시간을 기다리는 법을 배웠습니다.

퇴직과 암으로부터 받은 세 가지 선물은 불행에 대응하는 수비력과 고통을 버티는 인내력, 그리고 시간과 싸우는 투쟁력입니다. 이것이 불행에서 어렵게 찾아낸 삶의 선물 세 가지였습니다.

저는 퇴직 이후 삶을 살아가고 있습니다. 아내는 암 환자로 살아가고 있습니다. 보통 암의 치료 기간은 평균 6개월, 그리고 완치 판정까지는 5년입니다. 퇴직 고통의 시간도 보통 5년입니다.

이미 충분히 불행의 값을 치를 준비가 되어 있습니다. 불행은 이미 삶의 변수가 되었고, 지금부터는 그 변수를 삶의 선물로 받아들이는 과정입니다.

우리는 시련 덕분에 삶의 태도를 바꿀 수 있었습니다. 나에게는 퇴직, 아내에게는 암이 불행이 아니라 새로운 인생을 살아가는 도약대였습니다. 시련과 고난은 실질적인 공부를 하는 수단입니다. 그 속에서 삶의 지혜를 얻을 수 있습니다. 퇴직과 암이라는 시련과 고난이 우리 부부를 더욱 단단한 사람으로 묶어 주었습니다.

퇴직의 순간, 모든 삶이 리셋이 되었다고 여기세요. 그 순간이 오면 머뭇거리지 말고 리셋의 버튼을 누르세요. 그리고 완전히 형질이 변화되는 탈바꿈을 시도하시면 됩니다. 그 탈바꿈의 과정을 통과해서, 새로운 자기 자신을 발견할 겁니다. 제 인생을 돌이켜보니, 저는 반딧불이처럼 세 번의 변태 과정을 거치고 이 자리에 왔습니다. 반딧불이는 알에서 부화하여 애벌레가 되고, 애벌레로 지내다가 번데기 단계로 접어듭니다. 이 단계에서 몸의 구조가 완전히 변하여 반딧불이라는 성충으로 변신합니다.

저는 반딧불이를 닮고자 합니다. 삶의 갈림길마다 탈바꿈을 해왔습니다. 마치 곤충의 알과 같았던 10~20대, 곤충의 애벌레와 같았던 30~40대, 곤충의 번데기 같았던 50대를 거쳐, 저는 60대에는 반딧불이라는 성충으로 탈바꿈해서 훨훨 날아갈 겁니다. 저는 아직 성충인 반딧불이로 탈바꿈한 것이 아니라 탈바꿈의 과정 위를 걷고 있습니다. 때로는 그 탈바꿈의 과정이 힘겹기도 합니다. 하지만 계속해서 나아갈 겁니다.

누군가 정해놓은 기준에 끌려다니며 흘러가는 대로 살고 싶지 않습니다. 마흔에 자신이 나아가야 할 방향과 속도에 맞는 지도를 그리지 못하면 50대, 60대가 되어서도 남의 지도를 기웃거리게 됩니다. 저는 제가 그린 저만의 마음 지도를 따라서 삶의 밀도를 높이면서 살아가고자 합니다.

세상에 대한 여러분만의 지도를 그려 보았으면 좋겠습니다.
젊은 시절에 자신만의 지도를 그리지 못하면
40대, 50대, 60대가 되어서도 남의 지도를 기웃거리게 됩니다.
남의 지도를 대충 맞춘 '누더기 지도'를 들고,
그걸 자기 지도라고 믿게 됩니다.

— 정재승, 《열두 발자국》 중에서

언제까지 흘러가는 대로 살 것인가
마흔부터 인생의 밀도를 높이는 6가지 방법

초판 1쇄 인쇄 2025년 2월 14일
초판 1쇄 발행 2025년 2월 28일

지은이 정선용
펴낸이 배민수 이진영
기획·편집 셀리&밀리
디자인 스튜디오 허브
마케팅 태리
펴낸곳 (주)테라코타 **출판등록** 2023년 1월 13일 제2024-000080호
주소 서울시 용산구 원효로 128 e-테크벨리오피스텔 907호
메일 terracotta_book@naver.com
인스타그램 @terracotta_book